五百年王者兴

・明代老宅会老堂的后现代纪

邢伟英 著

上海文化出版社

目录

序 / 阮仪三　　　　　　　　　　　　　　1

自序 / 邢伟英　　　　　　　　　　　　　3

第一回　前世

　　东山　　　　　　　　　　　　　　　9
　　宰相　　　　　　　　　　　　　　　16
　　家传　　　　　　　　　　　　　　　20

第二回　相逢

　　初遇会老堂　　　　　　　　　　　　24
　　初心修老宅　　　　　　　　　　　　29
　　初访文管局　　　　　　　　　　　　30
　　初遇邹健康　　　　　　　　　　　　32

第三回　修复

　　重叠的足迹　　　　　　　　　　　　42
　　修复日记　　　　　　　　　　　　　53
　　修复故事
　　　　梅花香自苦寒来　　　　　　　　68
　　　　嘉靖十二年金砖　　　　　　　　72
　　　　木柱和檩　　　　　　　　　　　77
　　　　杀白蚁和生漆　　　　　　　　　80
　　　　匠人　　　　　　　　　　　　　85
　　　　旧貌新颜　　　　　　　　　　　90
　　　　古戏台　　　　　　　　　　　　96
　　　　天井　　　　　　　　　　　　　98
　　　　花窗　　　　　　　　　　　　　104
　　　　西厢房　　　　　　　　　　　　108

第四回　传家

　　老家具　　　　　　　　　　　　　　114
　　两代媳妇一套沙发　　　　　　　　　116

五百年王者兴
明代老宅会老堂的后现代纪

架子床　　　　　　　　　　118
雕花床　　　　　　　　　　121
面条柜　　　　　　　　　　122
天然几　　　　　　　　　　123
春凳　　　　　　　　　　　126
提篮　　　　　　　　　　　129
契书　　　　　　　　　　　130
老物件　　　　　　　　　　132

第五回　味道

生活在明朝　　　　　　　　142
宰相府传菜　　　　　　　　147
早春四头　　　　　　　　　152
粽子情深　　　　　　　　　156
母亲的草头饼　　　　　　　158
碧螺春　　　　　　　　　　161

第六回　缘聚

总管和大厨　　　　　　　　166
十年 / 闻风　　　　　　　　169
会老堂的美好回忆 / 祝君波　171
会老堂花果宴记 / 阮仪三　　174
会老堂的人间烟火 / 沈嘉禄　177
脱茧化蝶 / 李戎　　　　　　180
居所的生命 / 利维　　　　　184
春风又绿会老堂 / 宋路霞　　187
缘分 / 王安安　　　　　　　189
会老堂的守望者 /《嘉定报》　190

后记　守望　　　　　　　196

会老堂编年史　　　　　　198

别册　会老堂勘测小记

出钱、出力、受气、遭难,就是为了一幢老房子,为了前人留下的珍贵的历史文化遗产,让它得以重生,重新获得它的价值。

序

\ 阮仪三

苏州东山是个好地方，山清水秀，花果飘香，一年四季都有好的景致。很早以前，大约是上世纪八十年代初，我跟随陈从周先生在苏州四处考察古建筑，行至东山他告诉我，这里是深山藏宝，走几步不是名人故居就是明代老宅。那个时候还没有名城、名镇的提法，他就说要把整个岛保护起来，这里一个个的村庄也要选一些保起来，可惜当时得不到人们的响应。我记得东山镇的那条老街，就有多幢明代住宅，陈先生教我要认得这些木鼓墩、券棚下的曲枋、满墙的磨砖对缝还有散落的蛎壳镶嵌的窗户，都是江南明代住宅的特征。那时真是处处是宝，可惜的是大都已经破败，有的已坍塌，无人居住。陈先生一路走一路叹息：败家子啊！不识货啊！

一直到了二〇〇〇年以后才有了历史文化名镇的颁布，陆巷、杨湾等才有了保护的措施。我当年很早就知道会老堂，见到它时也是破败空关着无人居住。当时，王鏊故居还被镇上的小学占着，房间里都是课桌和长条板凳。我在大堂里发现后楼大梁上出现了明显的斜裂缝，从东、西两侧向中心裂开，这说明木梁老朽不堪重负，很快就会断裂，楼上此时还坐满了几十个小学生在上课。我大为惊诧，这样的情况竟然无人知晓。我急忙找到小学校长叫他尽快停止上课，不然会发生严重的伤亡事故，因为在好些地方都发生过古宅坍塌压死人的惨事。那位校长还将信将疑地不以为然，我立即打电话给吴县建设局长要他设法管一下，后来局长发话了，总算避免了一场事故的发生，王鏊故居后来也得到了全面的整修。而会老堂虽然已确定为优秀历史建筑，但是由于缺乏资金，还是空关闲置着，只对一些专家学者开放。

后来听说会老堂有人出资修缮，苏州有关部门邀请我去看看，这大概已经是二〇〇四年。那时修缮工作刚刚完工，满屋的油漆味还未褪去，房子外面的地坪还未铺好。我最在意的是老房子是不是修得道地，用我经常强调的话来说，是不是"整旧如故，以存其真"，也就是要用"原材料、原工艺、原样式、原结构、原环境"五原的原则。这时我也见到了会老堂堂主邢伟英女士，在我的询问之下，邢女士都能说得明明白白，一些建筑构件也都能说得出它们的术语，老宅的修

▲ 荆伟英（左），阮仪三（右）

缮是花功夫做到了原真性。我心里暗暗地佩服起这位女堂主，既肯花钱，又肯费力，特别是费神，听介绍如何处理那些左邻右舍的七大姑八大姨的种种干扰，又是如何妥善应付的，我频生钦佩之心。出钱、出力、受气、遭难，就是为了一幢老房子，为了前人留下的珍贵的历史文化遗产，让它得以重生，重新获得它的价值。我对邢女士有了新的认识，那些赞誉的话不用多说了，我高兴地引以为同道中人。

老房子修好了就得合理地使用，我是反对把古建筑当做陈列品般地供养，因为建筑一出现就是给人们使用的，这才能体现出它的真实价值。我有幸多次参与了在会老堂里举行的茶会、赏曲、写经、宴饮等，都是精到的艺术和文化的享受，也是充分显现了会老堂建筑不同空间的功能和艺术表现的相得益彰，也充分展示了邢女士的精心安排和艺术修养。会老堂虽然已有数百年的历史，但经过合理的整修表露出的是老而弥坚，是延年益寿，为我们展示了真古董的风采。这本书向人们展示了邢女士和会老堂的故事，写来朴实无华，但事情本身有起伏和情节，所以读来不会枯燥，我就是一口气看完的。从会老堂修缮的历程来说，也是一本有价值的纪实，特推荐给大家。

阮仪三

丁酉冬至

自序

邢伟英

我与会老堂的缘分，要从我的婚姻说起。先生姓徐名刚，在外我尊称他为徐老师，二〇〇〇年我们结为伉俪。我与先生相识、相爱、相守的过程简单而直接，彼此对各自家庭过往的细节既知之甚少也无心探究。然而他的家族那段无法抹去的历史却一步步地向我靠近，直到命中注定的那一天，让我这个外姓媳妇真正融入其中。

二〇〇三年仲夏，我在东山陆巷的老街深处寻获了会老堂的踪影。满心好奇地推开那扇吱嘎作响的老旧偏门，那一刻起我与这幢明代老宅的缘分，恍若前缘再续，从此开启。十五年来，我重复地做着一件事——修老宅。我无数次地奔波于上海和东山之间，无数次地与各种古建筑行当的工匠打交道，无数次地踏寻在洞庭东山的青砖灰瓦间，只为走进以前只在书本上读到过的"明代"，只为读懂建造于明代的这个建筑"会老堂"。

当一件事情重复不断地做着的时候，总会发现一些老故事，同时又发生着另一些新故事。徐老师的外公尽管早年就离开了祖居会老堂，在香港打拼营生，但对祖屋仍爱护有加，在世时几乎每年都会给家乡的亲戚汇些银钿，以期祖屋得以好生看护。随着外公的离世，祖上传下的这个宅舍似乎被遗忘了，就在老宅险将倒塌的时候，命运的安排让我与会老堂相遇。外公曾经一直想做的事情，将由我辈继续践行。

这是我一个人面对一幢老宅，并耗尽全部积蓄与"她"为伴的故事。我把它记录下来是为了告诉有缘在文字中见面的读者以及我的女儿，修复破败的建筑，就像慢慢回忆我们曾经遗忘的过去，坦然面对好的和不好的历史，因为那是我们割舍不了的根。

在与老宅相濡以沫的过程中，我遇到了很多有意思的人和有趣的灵魂。二〇〇四年在对会老堂进行抢救性修复过程中，我认识了阮仪三先生，一位令人尊敬和感佩的长者。他是全国古城古镇的保护专家，也是我人生路上难得的知音。在他振臂疾呼中，救下了平遥、周庄、丽江等

古城古镇。我作为古建筑修复领域的一个新人,身边有了这样的老师,拜师学艺自然成了我人生的重要课题。后来我进入同济大学系统修习建筑设计专业,为我亦步亦趋保护老宅奠定了基础。阮先生祖籍扬州,是清朝"一代名儒、三朝阁老、九省疆臣"扬州阮元后人,从小生活在苏州,为人儒雅博学,性格刚毅坚定,对姑苏山水情有独钟。我极崇拜他学以致用的精神,并多次邀请他参加会老堂的文化活动。他在品尝了会老堂的枇杷雅宴后颇为感慨地说:"会老堂的一桌美味,增加了我对苏州故土的乡情。"同时还写了一篇美文,刊登于《姑苏晚报》。阮先生肯定了修复以后会老堂的应用模式,他自己非常喜欢苏式老宅的安静生活,每次来到会老堂,似乎回到了儿时的光景。每次会面,他都会用充满激情的语调向我描述古镇古城保护工作中的精彩故事,以及他对古建筑异地保护独特的观点。他还有两位极其出色的孙儿,他们都跟随着爷爷的脚步,加入了同济大学国家历史文化名城研究中心,每每谈到他们,阮先生的眼神中充满了爱意、信心和希望。

此书是在阮仪三先生、陆康先生等众多专家、学者和好友的鼓励下,以及家人的陪伴与支持下写就的。我将会老堂修复过程中写下的日记做了整理,回顾了这十五年来与会老堂休戚与共的点点滴滴——从戏剧般的相遇到将它倾斜的躯体扶正,从它濒临倒塌的境况,到今日的气宇轩昂、宾客盈门。如今它就像一位踌躇满志、成熟稳重的壮年人,活力四射,与贤共霁,海纳百川;它敞开着四百八十五年的胸怀,将传统和现代、历史与现实、世界与中国,融合在一起。

《五百年王者兴》这个书名的来由颇有意思。起因是沪上著名篆刻家、祖籍苏州东山的海上文人陆康先生组的一场饭局。那天有十余位友人荟聚在上海的中心地标上海大剧院八楼,

此处也是我与徐刚婚礼的举办地。陆先生向华山医院推拿科的"一指禅"传人朱鼎成主任介绍会老堂的历史,朱主任听了以后说,孟子在《公孙丑》里写到"五百年必有王者兴,其间必有名世者"。此时坐在我对面的上海大学胡建君教授提议,何不把书名定为"五百年王者兴",陆先生连声说"好"。时隔不久,做事一向追求完美的陆康先生为这个书名刻了一方印章,刀法遒劲,拙而锋锐,在方寸之间融入了陆先生对家乡的一份思念,我也把这方印章看作是一个游子与故乡的对话。

再过十五年,会老堂就要迎来五百岁的生日,自从修复了会老堂,我常常觉得历史并不遥远。南怀瑾老师在分析中国文化历史命运的时候说,从周文王到孔子为第一个五百年……到二十一世纪正好是第七个五百年的开始,中华民族的命运正在交脱关键。我们已经从苦难当中走了出来,即将迎来历史的大运,关键的问题是我们的这一代人和更多的后代,需要不断的文化创造和融合,才能挑起时代的大任。为此,《五百年王者兴》,既是对即将到来的会老堂五百岁生日的提前庆贺,更是对祖国美好未来的期许。个人命运要与国家大运紧紧相连,所有的自由、平等、富强、幸福才有奋斗的目标,才有努力的意义。

谨以此书祈福中华民族国昌民盛,让会老堂再活五百年!

邢伟英写于云南大理

二〇一八年七月十五日

第一回 Chapter One

The Past

五百年以后,我第一次面对着这座早已物是人非、断壁残垣的会老堂,似乎还能听见王鏊的一声叹息。

五百年王者兴
GREAT AGAIN IN 500 YEARS

▲ 东湖

Chapter One
The Past

第 一 回
前 世

东山

> 洞庭东西双玉峙,物外地脉相勾连。
> 雨后人耕陇上陌,月明犬吠洞中天。
> 红蒸远岫上朝日,暝入孤村生暮烟。
> 渔郎再到忽迷路,错比桃源道是仙。

以上是明王鏊在《胡太守再次前韵复答之》里歌咏东山陆巷的诗句,自十五世纪以后,王鏊就是点亮陆巷这个古村乡土灵魂的关键人物,当然,在他之前,陆巷,就是那个陆巷了。

苏州的东山,又称东洞庭山,位于苏州西南。东山是延伸于太湖中的一个半岛,三面环水,万顷湖光连天,渔帆鸥影点点。

苏州东山的陆巷古村落,位于太湖洞庭东山的后山,西接太湖,背山面水。这个古村源于两宋之交,据说宋室南渡时,途经太湖,见东山雄峙湖中,风景秀丽,战火又不容易祸及,遂有王、叶、姜、金等多位战将把家眷安顿于此,辟建了一座有六条小巷的村落,后逐渐兴旺。随着宋帝被虏,北宋变成了南宋,武将们丢掉了手里的干戈刀剑,教自己的子孙弃武从商,到了元代,那些渐渐变得富庶的洞庭商人,又教自己的子孙弃商从文,进入明代以后,那些宋代将军的后裔竟然让自己的家族变成了一个又一个书香门第。

陆巷古村在明清两代出了一名状元、一名探花、十一名进士和四十六名举人,以王鏊为代表,他官至宰相,门生遍及吴中,极大程度上丰富了陆巷的人文土壤。

正是这样的苏州,才"孕育"了东山这样一个吴中福地,也只有东山这样一个福地,才"孕育"了陆巷这样一个静谧如水的古村。

五百年王者兴
GREAT AGAIN IN 500 YEARS

Chapter One
The Past

第 一 回
前　世

五百年王者兴
GREAT AGAIN IN 500 YEARS

▶ 明·唐寅《王文恪公六十寿筵手卷》（局部），上海博物馆馆藏。

王鏊（生于一四五〇年九月二十二日，卒于一五二四年四月十四日），字济之，号守溪，晚号拙叟，学者称其为震泽先生，汉族，苏州东山陆巷人，史载其为明代名臣、文学家。在王鏊还是学子的时候，他的聪慧就震惊了很多人。作为学子，他是做学问的成功典范；当王鏊踏入仕途，他又被同僚视作是一个成功的尚书、大学士；作为拥有很多门生的文学家抑或老师，他那黜浮崇古的文学观，竟又影响了一代文风。王鏊的吴中交游圈，发展了新一批的吴中及淮左文人，他对吴中诗派，尤其是其中坚力量如"吴中四才子"等，产生了更为直接的影响。

Chapter One
The Past

第 一 回
前 世

五百年王者兴
GREAT AGAIN IN 500 YEARS

▲ 明·唐寅《王文恪公出山图》（局部），故宫博物院藏品。

济时龙会亨泰著作工
凭飞南冲下盖摧大江
东寮廊瞻疆宇优柔
操国风匪徒吴耿直秉尚
马迁通
圣业唐虞垂昭云日月
同华韵撑茂实传示
缅无穷
晚生徐祯卿

赞化调元属重臣相君
归国节旄新大廷入
觐
新天子四海应沾凯
外春
门下生张灵

Chapter One
The Past

第 一 回
前　世

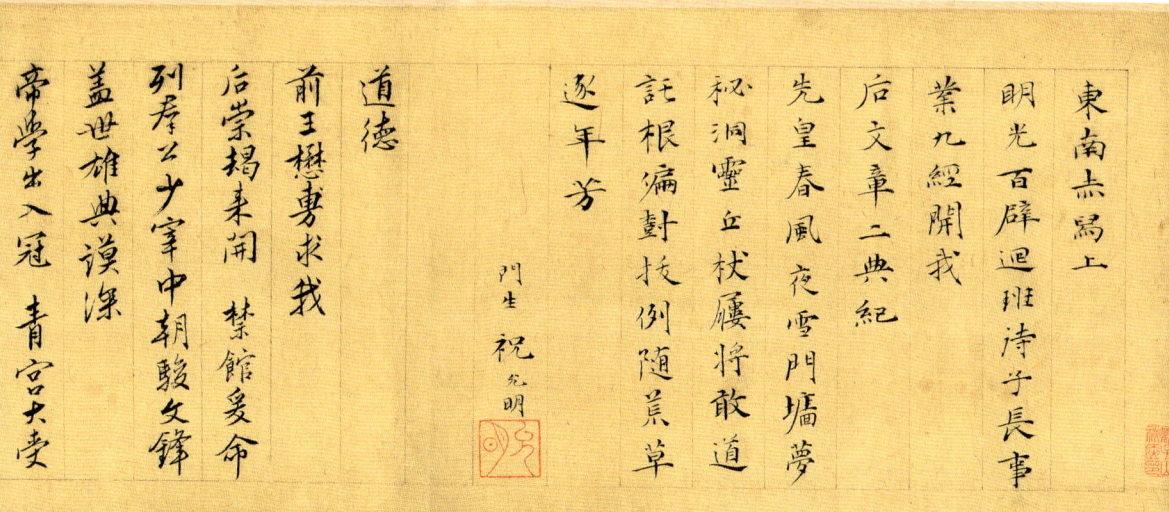

▲ 明·唐寅《王文恪公出山图》（跋），故宫博物院藏品。

宰相

时钟拨回到五百多年前，明正德四年（一五〇九年），当朝阁老王鏊的辞职报告递呈了三次才被皇帝批准。

王鏊回到家乡，从功名利禄中彻底解放出来，已是"长途疲马早思归"，一连写了好几首诗庆贺，其中一首是"家住东山归去来，十年波浪与尘埃。头颅今日已如许，勋业古人安在哉"。在他看来，终于无官一身轻，可以做一名太湖钓翁，自由自在的生活了，他在《乐全说》里形容"王子归自内阁，日暮途穷消摇乎洞庭之野。名山福地无弗登也，澄波激湍无弗泳也，悬崖怪石无弗题也……全天者不然，贫亦乐，富亦乐，出亦乐，处亦乐，无人而不自得焉，无人而不自乐也"。

东山的王氏家族是当地的世家大族之一，两宋南渡时从中原迁居到洞庭东山，王氏初到东山时为武将千七将军，在这座世外桃源般的湖山上繁衍了九代，初以农桑起家，沉寂了一百八十多年，明代中期，耕读之外经商从文，终于出了一名七品知县，即王鏊的父亲王琬，虽然到了五十七岁才以监资授了一个光化县令，但入政短短三年，颇具政绩。

王鏊虽怀抱负，却已不可为，退隐下来建宅造园，居住在山水之间，有两三分无奈，却是无奈之后的最好选择，既然如此，不如彻底追求精致生活，让生活审美化，甚至让审美生活化。

当王鏊辞职回到东山的时候，当地吴地匠人的造园技术和艺术审美，已经达到了前所未有的高度。而此时陆巷王鏊的祖宅，已经成为王阁老组建"六老社"的聚会场所，取名"会老堂"，六位故旧同好年年唱诗相会，自然这个老宅充盈着诗情画意。

Chapter One
The Past

第 一 回
前　世

　　王鏊当然充分懂得造园之趣，譬如他在东山造真适园，小园仅五亩余，造景也很简朴，可王鏊却在里面得到了鸟宿山林、鱼回故渊的乐趣。为此他还写了一首《洞庭新居成》："归来筑室洞庭原，十二峰峦正绕门。五亩渐成投老计，三台谁信野人言。郊原便自为邻里，水木犹知向本源。莫笑吾庐吾自爱，檐间燕雀日喧喧。"一派文人眼里的田园风光。

　　正德十六年，王鏊在自家园林设宴，当时吴中群贤如唐寅、祝允明等，都参与了这次园林雅集。据说唐寅写给王鏊的名联"海内文章第一，山中宰相无双"，就出自这次雅集。

　　这样的日子真的很美，筑个园子，盖个院子，搭个戏台，有可赏的花草，有好吃的佳肴，有知心的好友，有动听的丝竹，还有所谓文人"十乐"：读义理书，学法帖字，澄心静坐，益友清谈，小酌半醺，浇花种竹，听琴玩鹤，焚香煎茶，登城观山，寓意弈棋。

　　当王鏊和他的家眷在园林里适意地生活时，他们心里很清楚，在自己所处的时代，迈出门槛，即是江湖，入了家门，就是自在。对王鏊而言，远处的京城有一个贪玩的皇帝，还有一群肆意破坏纲纪的阉党，遥想过去孝宗皇帝的清明，如今只剩下无奈。当他躲在陆巷的宅子里观月听风时，是否会偶尔感叹自己的回归？所有无穷无尽的审美，也许只是一种对现实的抗争。对王鏊而言，停留，更像是对自己正直本性的一种守望。

　　明嘉靖元年的夏天，院子里一株梧桐被暴风雨摧折，王鏊心痛不已，他似乎在树木的荣枯中看到了自己的命运。仅仅两年之后，王鏊便闭目而逝。

五百年王者兴
GREAT AGAIN IN 500 YEARS

Chapter One
The Past

第 一 回
前　世

▲ 陆巷古村的老巷子

家传

会老堂位于苏州东山的陆巷古村，但在提及陆巷之前，不得不先讲一讲东山陆巷所在的苏州，这片处处浸润着吴地精神的城市园林、文化沃土。

人人都知苏州是个好地方，但好在哪里？你可以言之凿凿的掐着手指说，苏州有近二千五百年历史，是吴文化的发祥地，有园林，处处深院幽庭，有美食，叫人舌尖留香，还有江南四大才子，还有柔转得叫人酥麻的昆曲，种种历数，不能言尽。苏州，是宋代词人贺铸笔下的"一川烟草，满城风絮，梅子黄时雨"；是苏州人沈三白的《浮生六记》，或缠绵缱绻，或恬淡闲花，或凄婉断肠，或山水陶然；是作家陆文夫眼中那个大花园，"在外面看破破烂烂，这个门一推就漂亮极了"。这么说吧，如果苏州耐得住欣赏，是因为它能让身处其中的人，不知不觉地从精细处学会自娱，如杯中浮萍、蕉窗听雨，点点细碎，透着这个城市的园林精神。

东山的气质、陆巷的气质、王鏊的气质，延伸到一个城市，一个村镇，乃至一个个鲜活的个体，品赏周遭的文化趣味，都是一种近乎苏式的体味过程。只有通过曲径通幽式的体味，才能理解一个地方的真正价值。而它的真正价值，又必须经过时光的打磨，方能耐得住反复欣赏。

正是这样的苏州，这样的东山，这样的陆巷，才让我在修复古建筑中，找回自己的那一分"微小处自娱"的精神家园。哎！没办法不爱上这个地方，这个会老堂所在的东山陆巷！

东山，也是我先生的外公王菊生魂牵梦萦的家，他在离家三十年后，于一九八〇年从香港回到上海，马不停蹄地回到东山，祭祖扫墓。他在父母的墓碑前长跪不起，述说着三十年的思乡之苦，老泪纵横。

Chapter One
The Past

第 一 回
前 世

▲ 先生（前排中间）一家合影

▶ 外公王菊生

　　这个王家支脉的四代祖坟，位于东山白沙村上一片果树环抱的山坡上，面朝碧波荡漾的太湖，茶树、枇杷树、杨梅树四季常青。每年清明时节，春暖花开，茶香四溢，漫山葱翠，生机盎然。

　　那一夜，外公住进了会老堂，这时的会老堂是外公的三舅舅的居所。这个老宅就像一根无形的情丝，绵绵不绝地牵动着游子的思念，不管身在何处，会老堂在，家就在。外公似乎早就作出了决定，他说："三舅舅，你把会老堂卖给我吧，这笔费用是我这些年对你的补偿，也是给你养老用的。你如果喜欢乡下，可以一直在这里生活，等到年老走不动了，就到上海同女儿一家同住，那里医疗条件会好一些。"三太公收下了外公的这笔钱，两年后回到上海，与女儿同住。

　　东山是外公的根，是一个游子不管走多远、走多久都无法拔起的根。一九九三年，外公在香港去世。他与原配夫人的骨灰，从香港被运回苏州，静静地安躺在东山这片江南水乡的土地上，躺在他父母的身边。

　　外公离世之后，会老堂由当时在大陆的唯一继承人，他的二女儿王莺莺继承。直到二〇〇三年我出现在会老堂，前面的故事就像泛黄的纸片，被一页页地翻过，一段新的历史开始慢慢书写。

　　我相信一个家族的气脉传承就像历史轨迹一样，总是呈波浪式起伏前进的。正是王家的祖荫庇护，才有了今时今日的延续，能够让我回到先生外公的家乡，继续着王家未完成的梦。

相逢

Encounter

门一推，嘎吱一声，一个绿意盎然的天井，有些破败，却很漂亮。我不禁想起《牡丹亭》里的唱段："原来姹紫嫣红开遍，似这般都付与断井颓垣。"

/ 初遇会老堂

时光流转,十五年前,二〇〇三年七月下旬,著名作曲家侯小声老师组织我们一众好友在苏州东山作一次骑行之旅。

那天大热,我们一行七人,从前山一路骑到后山,个个汗流浃背,大家都想停车歇息,找一口水井擦一把汗。沿着河边小青砖路,我们骑进了太湖边上的一个古村落。有人发现了一口满是勒痕的老井,井水清凉,顿解暑气。顺着小路再走进去,抬头看见"会元""解元""探花"三块高耸的牌坊,立时让我们对这个小镇刮目相看。

询问老街上烟纸店的阿姨,得知此处名叫"陆巷"。这时我想起春节家人聚餐时我先生徐刚的阿姨王莺莺说起过一桩卖老房子的事情,"山上的老房子有个苏州当地人要买,开价太便宜,不想卖了,随便伊坍特伐!"我问哪里叫"山上"?先生说他们家一直把苏州东山称作"山上"。

我当即拨通了先生的电话,问他一连串的问题:山上老宅在哪里?叫啥名字?如何找到?先生告知:老宅就在东山陆巷,门楼已坍,名字叫会老堂。他让我找到王家三公公,会老堂长期由他看管,只有从他家厨房的后门才能进到会老堂。

我循着先生的指引,拐弯抹角找到了三公公的家,向三公公简单说明我的身份和来意。

三公公拿出一串生锈的钥匙,从他家厨房的后门出去,打开围墙上的小木门,朝内一推,嘎吱一声,老宅里面的景象让我好生意外。杂草覆盖的院子,零零落落有几棵果树,被绿草包裹着的旧石板上,横七竖八堆着杂物,虽然凌乱不堪,却不失生机。地上的小青砖凹凸不平,走在

Chapter Two
Encounter

第 二 回
相　逢

上面有点打滑，经过两步石阶一堵高墙挺立在前面，中间有个门洞。三公公说，里面就是天井。

　　走进天井，两侧是一人多高的砖墙，墙角边的杂草中有两个老石墩，在阳光的照耀下甚是好看。抬头所见是一幢二层楼的老宅子，气势不小，只是门窗东倒西歪，破旧不堪，整个房子向右倾斜。我看着地上的碎青砖和把天井一分为三的两侧砖墙，猜想这里应该曾经住过两家人。

　　跨过一条满是裂痕的木门槛，里面就是客堂。客堂里光线灰暗，左面摆放着两个大水缸，右侧是八仙桌，上面布满灰尘，桌子边角结满了蜘蛛网，木墙边还堆着一捆捆橘杆柴火。客堂左右边各开着一扇小门，显然就是房间了。我向里面探头一看，旧床上挂着黑灰色的蚊帐，电灯线上绕着蜘蛛网，四周摆着一些旧家具，有梳妆台、方凳、竹椅、大衣橱等，家具上有着厚厚的一层灰，根本看不清家具的颜色。

　　穿过客堂后面的屏门，里面一片黑暗，等眼睛慢慢适应过来，看到右侧有个破败不堪的楼梯，最上面的亮光将我视线引向二楼。我正想走上楼梯，被三公公拦住了，他说这个楼梯已经全部散架了，不能上，很危险。在我执意要求下，他只好找来两个方凳叠起来，扶我踩上方凳，再让

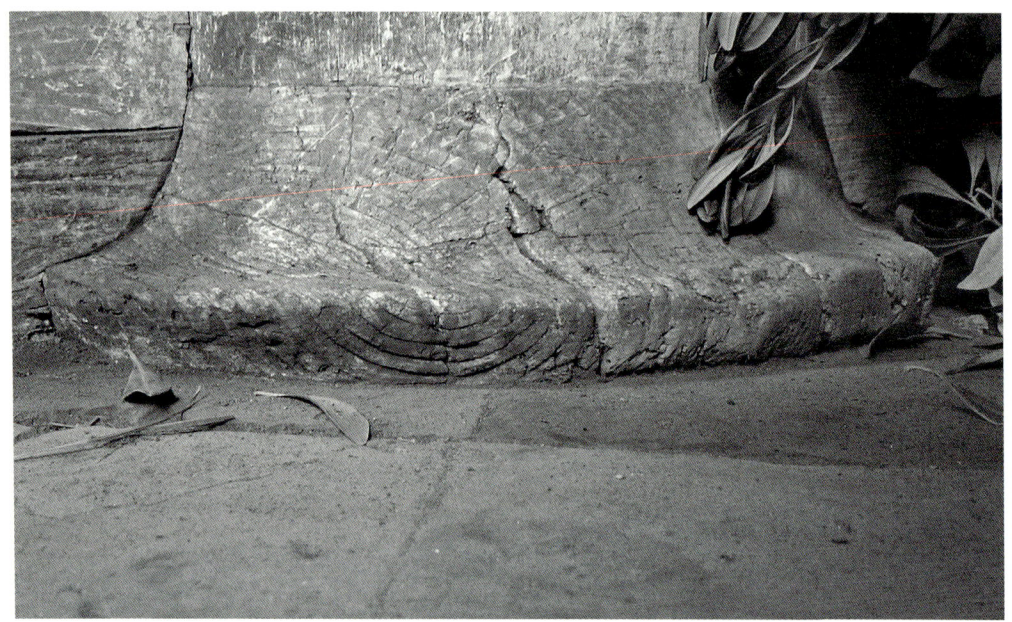

我借助楼梯边的框架搭把手,将我推上了二楼。

上得二楼,两只脚似乎踩在一堆尘埃里,厚厚的灰尘铺满地板。楼上也是三间房间,是用木裙板隔开的,抬头一看屋顶好几个大大小小的窟窿,旧瓦搭落在这些破天窗边,似乎马上要掉下来,地板上摆着大大小小的木盆和水桶,我数了一下足足有十个,局部地板也已腐烂。受了惊吓的蝙蝠嚯啦啦飞了出去,把我吓了一跳。我往南窗走去,突然感觉整个人一下子失去了重心,似乎踩在棉花上,等我定下神来,发现地板有明显的下陷,可能是房子倾斜造成的,我担心走到窗边会不会突然地板塌陷,把自己弄掉下去。

仔细看看二楼的三个房间,最中间靠窗位置有两把旧竹椅,歪依着窗户,左右房间里只有两三个旧木柜子立在墙边。与一楼相比,二楼的家具少得可怜。

我又小心翼翼地爬了下来!回到地面,再往里走,有个开放的通道,左右各有个小天井,还有一口老水井,后面就是厨房,一眼老灶头和两个立式老菜橱,冷冷清清地相对立着。脚下白灰色的青砖上只有我留下的几个脚印,想必这里很多年没有开伙了,人去楼空!

三公公说,这个房子已经空关了近二十年,房子没人住容易坏,每次小修小补钱没少花,但不解决问题,再不弄这个房子就要倒塌了。听到这些,我心下略微伤感。

Chapter Two
Encounter

第 二 回
相　逢

▲ 陪我一同进入会老堂的是我们骑车队伍中的摄影爱好者居耀庭老师，也是我后来学习摄影的启蒙老师。那天居老师正好带着单反相机，他让我站在楼厅门口，给我拍几张照片。我用手指着楼上，意为"看看这个就要倒塌的老房子"，这是我在会老堂留下的第一张照片。

Chapter Two
Encounter

第 二 回
相 逢

/ 初心修老宅

结束东山骑行,回到上海,我很兴奋地向先生描述我看到会老堂的样子,并试探性地问他:"我想买下这个房子,修修好,我们用来度假,你觉得如何?"没想到先生回了我一个凶巴巴的眼神,用严厉的口吻说:"你疯啦!这么破的房子你要它做啥?老房子马上要坍了,你管啥闲事啊?"一时作罢,不提。

时间过去了近一个月,陆巷青砖石板的老巷子,会老堂的木门,蒙上灰的桌椅,吱嘎作响的楼梯……总在我心头萦绕。我时常会想到会老堂,感觉与这个老宅有缘。任其坍掉吗?几百年历史的老房子就这么悄无声息地没了?太可惜了。我心中萌发的保护欲越来越强烈。

当再一次与先生探讨,他掐指一算看着我说:"此事倒还真能做成,只是整个过程你要经历很多艰苦和磨难……" 我当即打断他的话说:"只要能够做成,其他事情就不在乎了。"

我兴奋极了,就像领得尚方宝剑一样,内心激动雀跃,终于为自己可以做一件真正喜欢的事而踌躇满志起来,心中似乎充满了前行的力量,眼前定格的,是焕发生机的会老堂。

就这样,我与会老堂的故事真正地开始了。

/ 初访文管局

如果你要进入一个全新的领域,事先摸清一些头绪,再"说干就干"的策略总体是占优势的。我一向是行动派,目标确立了,一往无前,就是要修复会老堂。

二〇〇三年九月三日,我从一一四查号台查询到苏州市吴中区文物管理局的电话号码,登门拜访局长杨斌全先生。

吴中区文管局位于苏州市宝带东路二百〇八号,在门卫师傅指引下,我自报家门直接来到杨局长办公室。

杨斌全局长倒茶让座,用苏州话问我:"㑚(你)一个女同志,阿是真格(真的)要修老房子?"我说:"是的!我今天来,就是向您请教老建筑修复事项和会老堂相关情况的。"

杨局说:"我这里第一次碰到个人愿意出资修复古建筑的,不知道你是否能够配合我们走程序?",我告诉他:"我已经决定了,家人也已达成共识,只是对于古建筑修复常识了解不多,今天来请杨局指明方向,我会尊重文管部门的意见,尽可能规范地配合修复。"

杨局叫来了地上文物科的全科长,拿来了东山陆巷古村的古建筑登记册,里面登记了众多堂号,会老堂的那一栏中写着"明代""用材巨大,规模中等"等字。他说,会老堂的建筑年代在陆巷古村现存古建中属于老二,仅次于遂高堂。

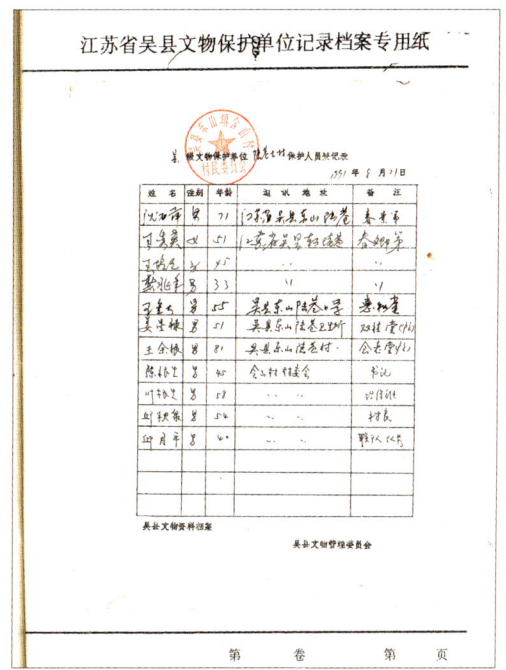

随后,杨局向我介绍了保护建筑修复的大致程序:

一、首先要由文物管理部门指定专业机构对会老堂及四周进行详细勘测;

二、古建筑修复专家拿出原貌图;

三、在原貌图基础上制定修复方案;

四、修复方案须经文物管理部门审核修改和通过;

五、须具有古建筑修复专业资质的工程队按照修复方案进行施工;

六、文管局派专家定期检查修复情况,监督施工队按方案操作。

杨局最后说:"小邢啊,目前国家没有政策规定可为私人拥有的保护建筑修复拿出资金,你要修复会老堂,可是要花大代价的呀!"

走出文管局,我心里头既吃了一颗定心丸,但也感觉肩上很沉重。

/ 初遇邹健康

二〇〇三年九月十三日,我接到文管局杨斌全局长电话,约我今天到他办公室与古建筑修复专家碰头。这是我第二次走进杨局的办公室,熟门熟路。杨局向我介绍坐在沙发上的一位中年男性,他就是太湖古建筑勘察设计研究院的邹健康工程师,四十出头,中等身材,精干稳重。我们握手致意。

随后杨局向邹工介绍了我的情况,并重点提到:这是他在文管部门工作至今,头一次碰到主动愿意走修复程序、个人出资修复老房子的,希望邹工在设计费上予以优惠。

杨局说,邹工原本是文管局的职工,长期从事地上不可移动文物的修复管理工作,业务熟悉,前几年离开体制,发挥个人专业强项,组建了古建筑勘察设计研究院,目前吴中区古建筑修复的大部分方案都由他来做。邹工对苏州地区明清建筑了如指掌,加上多年的专业工作经验,他拿出来的修复方案,文管局是比较认可的。

我当然放心文管局为我选定的修复专家,有了邹工来进行专业上的把关,接下去的修复工作可以有条不紊地开展,起码我可以少走很多弯路。在离开文管局时,邹工邀请我到他公司看看,一是考察公司的实力,二是商讨后续工作如何开始。我们来到苏州十梓街上邹工的办公室,规模不大,十来号人。在他的会议室,我们开了第一次正式工作会议,邹工叫来助理小应等参加会议并做记录。

暂定十月份,由邹工亲自带队到陆巷,对会老堂进行全面勘测。这大概需要四五天时间,我要做的配合工作,就是请会老堂隔壁三公公每天按时开门关门。

Chapter Two
Encounter

第 二 回
相 逢

▲ 上图，杨斌全局长在会老堂修复竣工仪式上发言

▲ 下图，邹工在会老堂勘测现场

五百年王者兴
GREAT AGAIN IN 500 YEARS

▲ 大门坍塌以后，临时砌的围墙门与三公公家门串通

Chapter Two
Encounter

第 二 回
相 逢

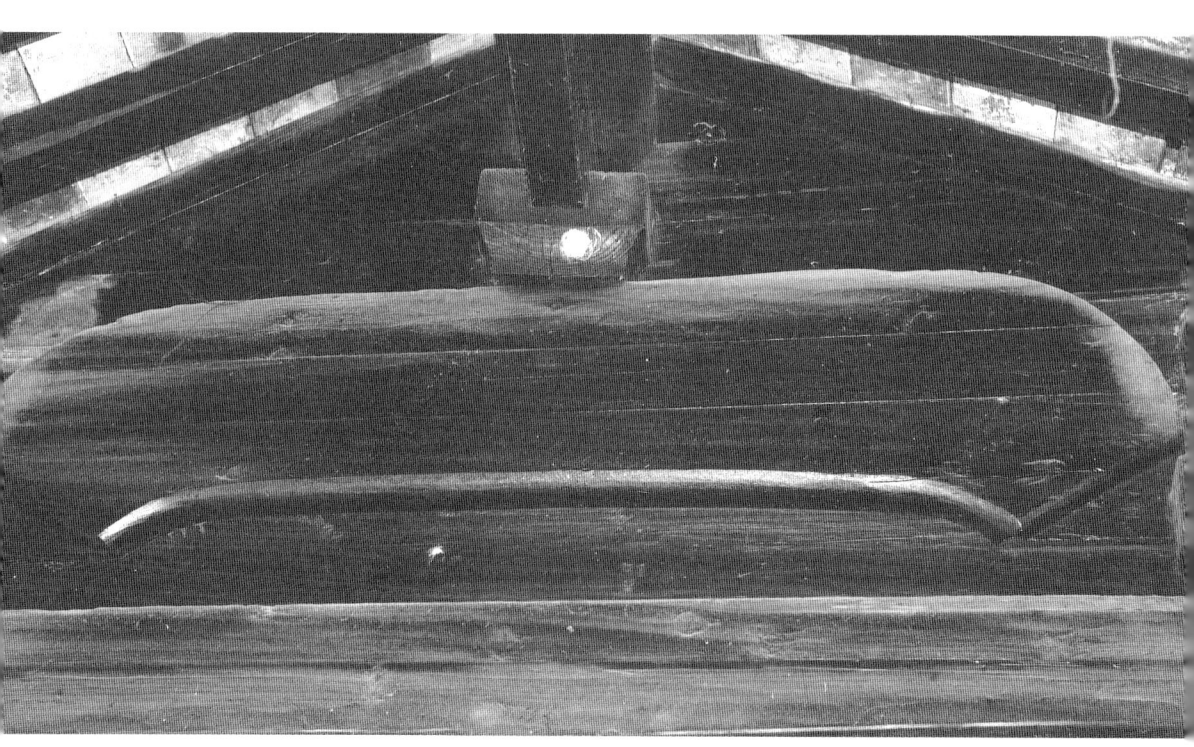

▲ 修复前倾斜的梁架

▶ 老楼厅修复前

五百年王者兴
GREAT AGAIN IN 500 YEARS

Chapter Two
Encounter

第 二 回
相　逢

五百年王者兴
GREAT AGAIN IN 500 YEARS

Chapter Two
Encounter

第 二 回
相 逢

Chapter Three
Restoration

第 三 回
修　复

第三回 Chapter Three

Restoration

十五年来，我亲自参与了会老堂修复的所有细节，
这是一段漫长又极具挑战的人生经历。

/ 重叠的足迹

当我回过头整理这些修复细节的时候,发现自己这十五年的人生轨迹有两条平行线,一条是修复会老堂,另一条是我行走于四十多个国家和地区。再细细琢磨,会老堂的每一次修复,都与我的远行有关。每一次远行都是因自我感觉身心疲惫、灵感枯竭的时候,探访异域古国所带来的文化洗礼,极大地丰富了我修复会老堂的思路。为此我以为这种不期而遇的重叠人生,其真正的意义是在于互相影响、互相成就。

我与会老堂的初次相遇,就起因于一次短暂的苏州东山骑车之旅,这种现代出行方式与一幢沉寂在古老乡村里几百年老宅的相会,本来就预示着一个特别的开端——在路上,预示着我的人生一直"邢走"在路上,不管是会老堂的修复之路,还是我对世界文化的探寻之路。

二〇〇四年到二〇〇六年,是我对会老堂进行抢救性修复的三年。所谓抢救,用在一个又老、又破、严重倾斜的古宅身上,一点也不为过。头一年,我在懵懵懂懂中钻进了古建筑修复的繁琐流程中,亦步亦趋地当起了修复工程监理。直到第二、第三年,才渐渐进入角色,懂得了术有专攻,必须找更多的专家学者和能工巧匠来把控专业性越来越强的修复细节。这其中吴中区文管局时任局长杨斌全先生和太湖古建筑勘测设计院的高工邹健康,成为了我修复会老堂起步阶段的良师益友。他们为规范的、正确地修缮会老堂,作出了重要贡献,正是因为这种高标准、高质量的修复要求,让会老堂渐渐恢复元气。

二〇〇七年初春,我在会老堂安静的院子里听着芙蓉鸟婉转清丽的叫声,长舒了一口气,眼前的老宅已一扫往日的暮气,就像院子里刚刚种上的槐树、桂花树、紫薇树一样,焕发着新的

Chapter Three
Restoration

第 三 回

修 复

生命。我终有了片刻喘息的时间，于是拍拍身上的尘土，暂时卸去这三年被老宅紧紧套着的盔甲，出去走走看看。从这一年始，我开启了"一个人、一个背包、一台相机"的独行生涯。二〇〇七年我就去了四个国家：越南、柬埔寨、阿联酋和埃及。

远行归来，古埃及的金字塔、帝王谷、太阳神庙常常出现在我眼前，还有尼罗河边小船上一对小兄妹的叫卖声，一直让我思考着一个问题：真正的埃及在哪里？由于独行，我可以钻进考古陵墓，花大把时间看着当地人在英国考古专家指导下，扛出一筐筐沙土；我两次进入太阳神庙，只为多看拉姆西斯二世一眼；旅途路上向包车司机了解他们的生活状态，谈论家常；我与当地人一起挤进过夜长途客车，经历过一个晚上换三次巴士的折腾旅程；还得和反复绕路不诚实的出租司机讨价还价。一路上看到普通老百姓的慵懒、贫困和落后，让我这个为追寻古埃及文化而去的人，几乎看不到这几千年文化留给后代的辉煌气韵。难道现在的埃及就是这样一个躺在历史的膨大躯体上吃老本的闲人？他们不担心总有一天会把老祖宗留下的家底都吃光了……

埃及回来，为了弥补抢救性修复时留下的细节缺憾以及完善空间利用，我对会老堂做了第一次小改进。首先，将第三进房子做了功能性改造，变成了一个休闲咖啡吧；其次，将军门内侧和院子回廊下面的白墙，雨后常常因泥水溅起染成一堵灰墙，时间一长霉点斑斑，我与总管闻风和大厨齐师傅商议决定，用苏州特有的小细砖铺设墙面，既防潮又美观。

二〇〇九年樱花季节，东瀛的京都、奈良之行给了我很大的启发。大量老寺庙里的建筑都有我国大唐风韵，保存完好。穿梭其中，巨大的梁柱、宽阔的开间、复杂的斗拱让我惊叹不已。还有光可鉴人的老地板，这是几百年来无数双脚走出来的包浆，仿佛时间的年轮已嵌进木纹深处。奈良东大寺的主殿给我留下的印象最为深刻，大气婉约的建筑，庄严而亲民，随处可见的挺拔线条在光影下尤为硬朗。还有建于公元778年的京都清水寺，虽历经多次火灾、多次重建，但依然饱含盛唐气韵。

后来女儿留学京都，我就在东本愿寺附近给她买了一个房子。我觉得这个房子也是为自己买的。住在那里，四周古韵悠然，只要有空，我就花上十多分钟走到寺庙。早上七点半左右，东本愿寺的和尚会在大殿里念经做早课，一袭青衣白袍，与世无争。

我在奈良东大寺边上仔细观察过工人们精心修复茅草屋面的过程。他们用原有的老茅草作为基础，将一排排新茅草从屋脊往屋檐方向铺设，一层叠着一层，边上加压、紧固，使原有的老茅草依然平整的压在下面。所以在日本可以看到有些老房子的茅草屋顶有二十至三十厘米厚度，这是几百年来一次次修复累积的效果。

我一直在思考，为何日本的古建筑可以保存得这样完好？在回国的飞机上，我似乎已经明确了后面要为会老堂做的事情。防火安全对于几百年的老建筑来说，比起地震、水灾等自然灾害的防护更直接重要。

会老堂的厨房位于整个建筑最西侧，紧挨着西厢房，内有明代水井一口，虽是老厨房的位置，但始终是我一大心病，因为这是会老堂内唯一有明火的区域，最彻底的解决方案，就是将厨房迁移出去。

这个决定对于我来说有点难，刚刚花光所有积蓄修好老宅，短短三年时间稍有喘息的机会，又要搬迁厨房，搬哪里，房子呢，钱呢？

我打开会老堂的大门看看四周，对面那几间破柴屋引起了我的注意，杂草丛生，犄角旮旯里塞满了瓶瓶罐罐。如果能买下这几间旧破屋，拆了重盖，一来美化周边环境，二来也是安置厨房的最佳之处。经多方打听，这不足一百平方米的地方，足足涉及八户人家，也难怪这地方杂乱无章。在大厨齐师傅和闻总管的竭力配合下，我们做起了拆迁公司的工作，花了半年时间，逐户上门拜访，让邻居了解我们的初衷，并陆续与各家签订了转让协议。我们打了申请报告，得到了政府相关部门的支持。二〇〇九年八月，新厨房开始建造，十二月整体竣工交付使用。终于，会老堂的厨房得以搬离主体建筑，为解决火灾隐患迈出了坚实的一步。

这一步走得我心里很踏实，但钱没有少花。八家农户的土地转让金，开出了不低的价格，为了达成目的，再贵也要花；土地平整后打地基造房子，每平方米建造成本根据材料和施工要求，从八百元到一千六百元米不等。只求质量不计成本是我的一贯做派，理所当然选择了最贵的那一档。七算八算，这小小一幢房子的造价着实不便宜，财务方面因此显得捉襟见肘。还好与施工队老板有多年交情，大部分工程款拖到了年底，等我拿了年终奖金以后再全额付清。

Chapter Three
Restoration

第 三 回

修　复

　　二〇〇九年，我们同时做了另外一项与排除火灾隐患密切相关的工程。二〇〇六年二期修复改造过程中，我按照当时城市装修施工美观第一的套路，强弱电线路全部要求排地下暗管。但是经过三年的实践检验，我这个决定是错误的。江南地区四季雨水充沛，土壤湿度很高，同时会老堂地处洞庭山后山山脚下，山水排泄的地下暗流四处遍布。由于大量新建的民宅选用了混凝土地基，被阻断的地下暗流自然而然地流向地基相对疏松的老宅下面。当时埋入地下的电线护套用了铁管，在潮湿环境下疯狂生长的铁锈，很容易刺穿因发热而软化的电线胶皮，导致电路跳闸，严重影响使用。尤其在高温季节，空调大量使用，电线过热很容易导致火灾隐患。为此，我决定废弃原有全部排线系统，按照古建筑修复常规做法，重新再做一套明线系统。经过近两个月的施工，完成了新电力管线系统的铺设，为了让明管尽可能美观，我特意请了当时镇上最好的师傅为我们施工，让油漆工给排在明处的管道刷上了与周边环境匹配的颜色。

　　在这里要特意感谢东山供电所的吴少春先生，在会老堂用电量捉襟见肘的情况下，他积极主张用电扩容，并为此做出了很大努力。这一次的电路再排工程，是整个会老堂修复工程中，花的一笔最大的冤枉钱。五年中，两次排管，两次施工，不仅浪费财力物力，更浪费了宝贵的时间，对于我这个决策者来说，还是一个深刻的教训。从此以后，会老堂的各项修复施工，我变得更加尊重传统，那些保留了几百年的古老做法，一定有它的道理，不能一味地追求面子上好看。

　　二〇一〇年以后，我行走的足迹一次比一次远，一次比一次走心。

　　我连续三年探访波斯古国伊朗，我走进了成吉思汗孙子当年西征时驻扎过的洞穴村落；深入古波斯地毯的加工产地，欣赏当地匠人精湛的手艺；也到过曾经异常繁忙的里海港口安哲利，感受国际政治动荡所带来的萧条；我也融入到了当地人的家里，听他们讲述自己与这个国家的故事，感受着伊朗人血脉中那残存着的属于波斯人的高贵气息。

　　在非洲腹地上我领略到了野生动物与天地交融的宏伟场景，深深感受到人类受到了太多的约束，大到国家、社会、法律、教育，小到家庭、事业、爱情、亲情。我们需要面对各种责任和义务，让这个世界走向文明，却远远不如动物们遵循着大自然的规律，在天地间有序地生存。

　　我最远走到了南极，踏上地球上最纯净的土地。它纯净到不属于任何国家，没有经历过因

宗教、种族、领地、文化等各种冲突引发的战争，守住了地球上的最后一片净土。

南美土地上的印加帝国曾一度让我热血沸腾，我从闷热难忍的亚马逊雨林，一路北上来到古印加帝国首都库斯科，在马丘比丘的遗迹上等待那一抹雨后斜阳，期待着这个没有文字留存的印加古国给我更多答案。但是，我看到的只是博物馆里的几根绳结，无法揣摩几千年前的古印第安人，想告诉我们什么。我看到的安第斯山下的子民，还在用自己粗糙的牙齿咀嚼着各种颜色的玉米，用来发酵酿酒。首都库斯科被西班牙人占领的那一年，竟与会老堂的建造年代一样，同为公元一五三三年。那些用多边石头砌出的厚厚墙壁，似乎没有阻挡住外来入侵者的马蹄，而且，与印加古国有关的这一切，都没有任何文字记载。

在三十多个小时的回程飞机上，我一直在思考着一个问题，如果公元前二百五十九年没有出现秦始皇这样一位国君，没有统一中国的文字和体制，是否会跟今天的秘鲁一样？西安的秦始皇陵会不会和马丘比丘一样，人们对眼前的历史只有推测，压根儿无法知道长眠地下的这位皇帝姓啥名啥，压根儿无法知道我们曾经有过这样辉煌的家底！

二〇一二年，我主动申请提早退休，告别朝九晚五的银行工作，为的是有更多时间去守护会老堂。在我有了大把时间可以自由选择生活方式的时候，第一个选择是进入同济大学进修建筑设计专业，成为班上最年长的学员，为的是让自己不再做门外汉，更好地成为老宅的知音。

二〇一三年，会老堂第一期修复至此已有七年光景，这中间小修小补从未停歇，但是地面潮湿问题始终没有得到彻底解决，老楼厅一楼墙角的地板开始出现明显腐烂的痕迹。我决定活学活用在同济念书时学过的知识，在不影响建筑框架和原有构件的前提下，对会老堂进行一次比较彻底的防潮施工。这是继二〇〇六年抢救性修复结束以后，最兴师动众的一次工程。在近三个月的时间里，我们运用多种现代材料，为老楼厅做了多层防潮保护。也正是这次我称之为"挖地三尺"的施工，会老堂的建造年代大白于天下。用作楼厅地基的大方砖上，我们发现了"嘉靖拾贰年春季分造贰尺方砖"铭文，这无疑为解开会老堂真实身份之谜奉上了强有力的证据。

时间到了二〇一四年六月，我作为鸟类考察志愿者，受邀参加了"阿尔金山无人区鸟类拍摄

Chapter Three
Restoration

第 三 回
修 复

志愿者行动"。历时半个月的高海拔无人区生活,是我此生最难忘的经历。严重缺氧、不能洗澡、食物单一,比起早年我在军队的生活都要艰苦十倍。但是我们这支小小的队伍却创造了记录,在中国境内首次拍摄到"蓝颊蜂虎"鸟的踪影。同年九月我远游北极归来,在林华老师的鼓励下,于十一月初在上海南京西路中信泰富广场,举办了"邢走两极"摄影展,将作品全部义卖所得捐给了乡村教师培训基金。影展开幕式上,我对两极拍摄做了一个演讲,分享了这些年独行的体会:享受孤独,敬畏自然。

远行就是为了更好的回归,回到原点,回到我心心念念牵挂着的这幢雄伟的老宅身边。有它在,就有人跟我一起分享回归的喜悦。旅途的记忆,不光在我拍摄的照片里,也在会老堂的每一个角落。每当我悉心布置这些异域带回的战利品时,内心满是欢喜。会老堂的东西楼厅内,有我从伊朗带来的波斯地毯,那些流传自萨法维王朝的精美图案和会老堂的缠枝纹饰相映成一曲穿越时空的交响曲。水井房里那块极具立体感的秘鲁匠人手织挂毯,居然用的是苏州缂丝极为相近的工艺。亚美尼亚设计师亲手制作的银质烛台,以及从京都运回的古董漆器柜子,被安放在了西厢房的水井房里。不同国家的不同工艺,跨越重洋汇聚于此,与会老堂的江南雅韵产生共鸣,让这个高耸于墙围内的老宅充满生机。

也许我们无法探讨一个建筑能活多少年,但是会老堂的生命力,犹如吸收天地之灵气纳于全身,愈发显得生机勃勃。我希望自己这些年所尽的努力,能让更多人可以触摸到中国建筑的天地之气,为中国文化的传延尽绵薄之力。因为,再远的路上,我的内心总藏着一个会老堂。

五百年王者兴
GREAT AGAIN IN 500 YEARS

上图,2014年,阿尔金山自然保护区
下图左,2012年,伊朗伊斯法罕
下图右,2013年,南极

Chapter Three
Restoration

第 三 回
修　复

远行就是为了更好的回归，回到原点，回到我心心念念牵挂着的这幢雄伟的老宅身边。

五百年王者兴
GREAT AGAIN IN 500 YEARS

▲ 2015 年于茶卡盐湖

Chapter Three
Restoration

第 三 回
修 复

▲ 2017 年于山西佛光寺

51

Chapter Three
Restoration

第 三 回
修　复

修复日记

从一九九四年开始，为了督促自己的日子不得过且过，我养成了写日记的习惯，把生活中比较重要的事情记录下来，更多的像流水账目，以下摘录的是几篇与修复会老堂有关的日记。

二〇〇三年十二月二日
讨论修复方案

今天如约来到邹工办公室,重点讨论院门厅是否恢复,邹工的意见大概如下:

一、会老堂门厅倒塌多年,现在仅存地上青砖遗址,由于会老堂内部空间不大,恢复已经倒塌的门厅意义不大,且会让院子有密不透风的感觉;

一、保留门厅遗址,将这块区域归入院子做一个整体设计;

二、会老堂里面后期搭建的零散建筑要全部拆除,移动了位置的构件恢复到原位,包括拆除天井的隔墙、调整客堂屏门的位置等;

三、院子东面增加廊轩,营造江南园林的空间延伸感,增加旱道;

四、在院子东面紧贴廊轩处,开挖一个水池。

Chapter Three
Restoration

第 三 回
修 复

我的意见是:

一、同意不恢复门厅、纳入院子统一设计的意见,理由是,我第一眼进入会老堂的时候,吸引我的就是这个杂草丛生的空间,这是都市人梦想的世外桃源,与天地沟通,也是江南园林的必备;

二、完全服从恢复原貌的原则,该拆的必须拆,该移的一定要移;

三、同意院子东面增加廊道,并希望保留古建筑元素,比如美人靠、挂落等;

四、希望在院子中间增加一个四角亭,与东侧水池相连接,并用小木桥联通。

邹工对于增加四角亭的想法,似乎有点犹豫,他说会在方案中考虑进去。

二〇〇四年三月二十八日
工程队入住

今天是施工队伍进驻的日子,下午我在会老堂与楼师傅带队的工程队开会。

我把会老堂原貌图和修复图复印件交给他一份,一同研究了原貌图上的重要细节。

由于图纸内容仅存在于纸面上,真正开始修复以后,会有很多实质性工作,我要求工程队拿出修复工程细节上的书面意见,一样样落实。

接下去是工程队前期准备阶段,楼师傅说老房子的清理工作非常耗时,大约需要一个月,只有在清理工作完成以后,才能规划工程进度,才能安排泥水工、木工进场,才能进行工具采购和材料采购。

楼师傅强调,砖、木等材料的采购,以同时代的老料为好,最好就地取材。

我答应与他一起寻找老材料。

Chapter Three
Restoration

第 三 回
修　复

二〇〇四年四月十六日
二尺灰尘

　　今天去会老堂察看工程进度,我刚刚从紫石街上绕进小巷子,就见两边门洞里探出了几位女村民的头,见了我第一句话就问:"侬阿是会老堂的?""是呀!"她们就跟着我一起来到会老堂的院子,七嘴八舌地指着会老堂正在卸下的旧瓦,纷纷提高了嗓门。大概意思我听明白了几分,因会老堂的屋顶瓦片拿掉以后,下面积着的很厚很厚的灰尘,正好这几天春风得意,吹到了四周邻居院子里洗晒的衣服和物品上,弄得大家只好收回去重洗。还有人不停地一顿数落着说,这几天他们都不敢开窗,更不敢洗衣服了,"你们会老堂吹出来的灰尘足足有两尺厚啊!"

　　我一个劲儿地赔不是,心里暗自嘀咕,原来几百年的老宅,灰尘都是不一样啊!

五百年王者兴
GREAT AGAIN IN 500 YEARS

Chapter Three
Restoration

第 三 回
修 复

二〇〇四年五月十六日
扶正老楼

  屋顶旧瓦和望砖下架用了近一个月时间,残砖碎瓦也清理的差不多了,我今天走到二楼抬头一看,屋架上的椽子齐刷刷的在天空下排列出黑色线条,真有扬眉吐气的感觉啊!

  二楼地板依然向东南倾斜着,原因已经找到,是东面第二根边柱和南面第三根边柱腐烂短了一截,导致地板向那个方向下陷。

  从横泾旧木材市场找到了相同材质、相同直径、相同高度的柱子,已经用石灰水消毒完毕,准备替换腐烂的柱子。

  下午,施工队采用"偷梁换柱"法,用千斤顶慢慢将屋架顶起,抽去腐朽的边柱,换上好的柱子,再用葫芦吊将倾斜的墙体推到柱子中间,眼看着"比萨斜塔"被扶正了……

  我突然觉得中国建筑这种可拆卸的方式太神奇了,坏了可以更换,有了现代设备帮忙,速度可以加快好多。但是回头看看这么大的一个屋架,如果不把屋面望砖和旧瓦卸下来,整个屋架那么重,估计千斤顶难以顶起。

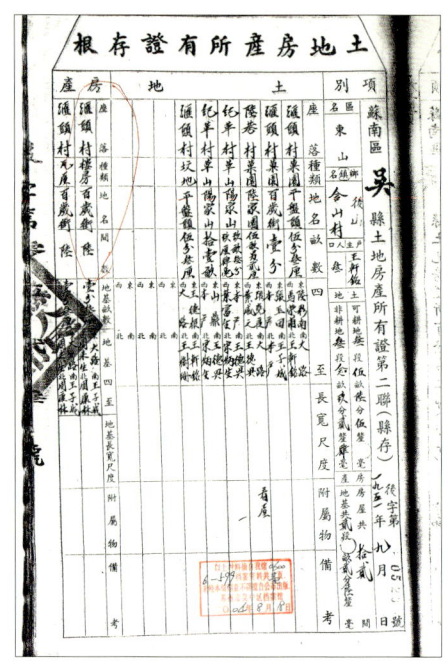

二〇〇四年八月十八日
会老堂地契

下午从文管局出来，直奔苏州市吴中区档案局，我要去查找会老堂最早的地契登记。

档案局里一位五十多岁的管理员，听了我的述求面露难色，他说，东山地区老房子的登记资料，最早的是解放以后第一次土地普查的登记，解放之前的资料他们没有。

管理员让我提供当时会老堂东、南、西、北所有相邻户主姓名，以及当年会老堂户主名字。

他这两个问题立即把我问倒，我去找谁了解呢？

我想到了五公公王顺林。他好几次跟我提起会老堂的一些老黄历，因他是大太公最小的儿子，从小受到宠爱，年幼时在大太公的怀里听到不少从前的故事。

电话那头五公公仔细回忆解放初期会老堂左邻右舍的名字，他说"让我想想啊"，慢慢地一个个报出了名字：会老堂南面是王家自己人、北面是龚家、东面是陈家，西面好像没有连着的邻居。解放前会老堂一直是三太公一家生活在里面，三太公一辈子用过几个名字，在解放前他叫王余根，后来他到了上海工作，改了名字叫王轩铭，不知道解放初的地契上是用哪个名字？

Chapter Three
Restoration

第 三 回
修 复

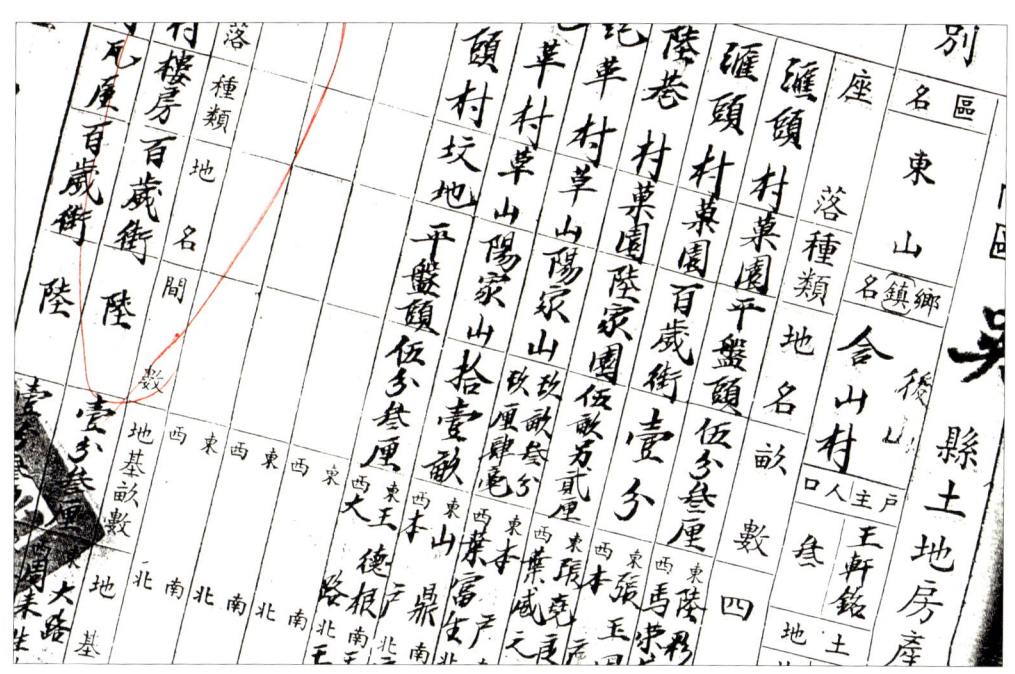

▲ 1950 年的地契（局部）

我将记录下来的这些名字交给了管理员，他从厚厚的档案索引中找出了"含谷村"（陆巷村是现在的行政村名）那一卷，要我配合他一起在这本厚旧的本子上，翻找我记录下来的几个名字。我陆续找出了几个名字，他看了看，说他知道卷宗的号码了。他走进里屋大概又找了十多分钟，终于拿出一张发黄了的A3大小的纸给我看："这是一九五〇年新中国第一次土地登记时候的地契，就是你想找的。"

我一看，地契上登记的名字是王轩铭。

管理员说："如果要复印这张纸，收费一千元。"我愣了一下，问道："复印一张地契怎么这么贵啊？" "你没看到这张纸的颜色已经这么黄了，年份老了，当然要这么贵咯！"我弱弱地说："我从上海赶到苏州为了这张纸，开车回去车子还要加油……"管理员可能出于同情，最终开出一张五百元的收据，为我复印了这张昂贵的纸，一份珍贵的资料。

真是有趣的经历！

▲ 会老堂院内的竹躺椅

二〇〇五年六月五日
陈书记来访

今早,我约了陆巷村的陈根生书记到会老堂,请他检验修复成果。他一进院子就惊呼:"哦哟!上海妹妹,侬真结棍!要坍塌的房子被你救回来了,还能够嘎舒服,真不容易!"

陈书记参观了老楼厅,说了件趣事儿。

会老堂给他印象最深的一次,是接待著名社会学家费孝通先生,他说:"当时费老到东山想看看老房子,把这个任务交给了我,我就觉得会老堂值得一看,但因为你们家空关了很久,村里便安排人来略微打扫了一下。那天参观了楼厅以后,给费老找了一把老竹椅,就坐在这个客堂的阳光下。陪同的领导很多,大家都很有兴趣地听着费老讲他小时候在江南的故事,时间已经临近中午了,我觉得费老没有离开的意思,就让老街上的面店赶紧下了一碗面送过来,没想到费老吃了面兴致大增,继续讲他的故事,一直到下午两点多,费老才依依惜别会老堂。当时我们陪同的人都饿得要死啊,哈哈哈,所以我记得特别清楚!"

我查了百度,原来费孝通先生是出身在江苏吴江的大户人家,从小就生活在这样的宅子里,所以会老堂勾起了他对儿时的美好回忆。

Chapter Three
Restoration

第 三 回
修 复

▲ 二期工程开工现场

二〇〇六年三月三日
二期工程开工

经过一整冬天的前期筹划,今天,终于迎来了会老堂二期工程的开工!

去年夏天会老堂的老楼厅抢救工程刚刚结束,我称之为一期工程,在老朋友陈建德先生的建议下,花了很多精力,买下了西厢房,才有今天我称之为二期工程的开始。

随着隔开会老堂东西两楼的高墙在烟尘中应声倒下,会老堂的东楼厅和西厢房终于团聚了,今天是个好日子,春光明媚,一派祥和,希望接下来的工程顺顺当当。

▲ 会老堂平面图

二〇〇六年三月二十二日
内部功能布局

邹工出的图纸是建筑的修复和院子的整体布局，但不包括会老堂的功能布置。最近，我的床头柜上总有一支铅笔和一张图纸，每每有了新的想法，就爬起来画上几笔，或者干脆起床记录下来，因为功能布置是业主的事情。

这已经是第四稿布置图了，每一次修改都比前一次更增加我的信心。庭院里集回廊、戏台、轩、鱼池于一体，左右楼厅内布置九间客房，一楼五个，二楼四个，卫生间就在每个房间内安排妥当，中央空调内机都安置在卫生间的吊顶内。东楼厅集明、清老家具为主，把会老堂最具文物价值的老家具布置其中。还有会议室、餐厅、阅读室等，分别落实在东西楼厅的一楼。

目前，强弱电的管线布置、中央空调走线、中央热水布置都已落实到图纸，近期我最大的协调工作是供电系统的增容问题。

Chapter Three
Restoration

第 三 回
修　复

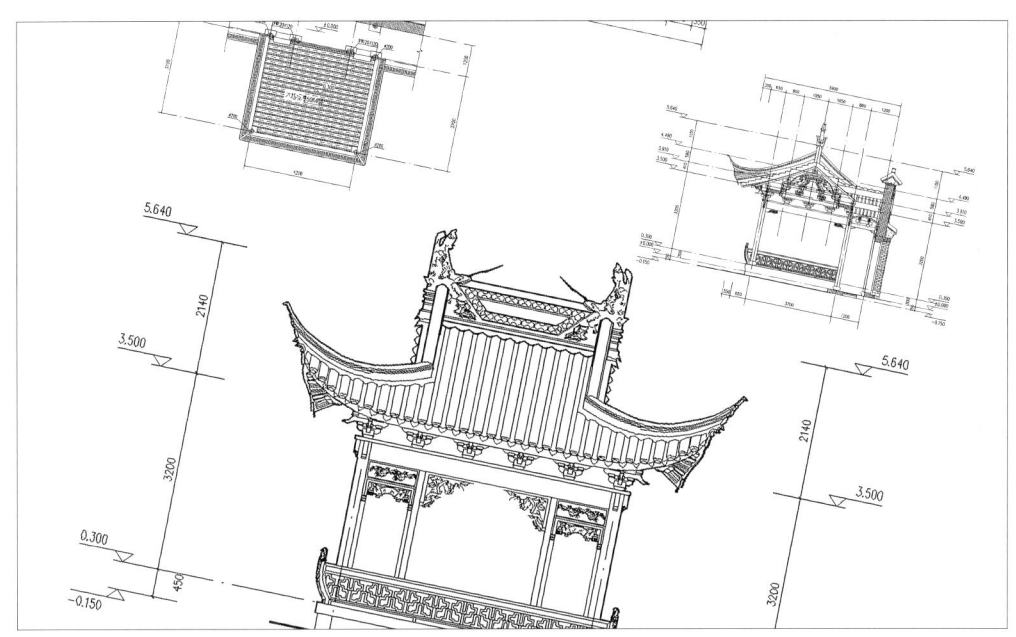

▲ 古戏台测绘图

二〇〇六年六月二日
拼戏台

今天戏台开始拼装，一波三折。一早，所有工人都围观在院子里看戏台的拼装。

戏台位置定在老门厅的遗址上，在原来地基上，围起一个四米乘四点八米的长方形平台。

徐师傅指挥徒弟在一大堆捆扎好的木雕花片中，找出第一组材料，由他带着四位徒弟，人手一个木榔头，从西南角开始拼装。只见他将西、南两根柱子一点点敲进榫头，再将上面的额枋慢慢向里面敲……上午完成了第一组柱子的安装，很顺利。

下午在安装另一组柱子的时候，徐师傅接了一个电话，就跟我说："要回家帮老婆收麦子！"

我问监理小杨，这个活他的徒弟能继续吗？他说，现在能做戏台的木作大师傅很少了，除了他，没有人会做了！

我看着地上各组编了号的雕花片，心想只有徐师傅知道每一组的位置，那就只好等徐师傅收好麦子再继续啦，所有围观的人只好散去……

五百年王者兴
GREAT AGAIN IN 500 YEARS

会老堂勘测汇编

　　会老堂就坐落在东山陆巷，为王鏊旧宅，是一处明代中期中性规模的住宅建筑。该建筑体积较大、布局有序，楼厅、西厢房保存完整、用材讲究，砖雕影墙，雕刻精致，是同时代砖刻艺术中的佼佼者（形制与省文保单位"瑞霭堂"相似）。为研究太湖地区明代中晚期建筑提供了宝贵的实物史料，具有较高的历史价值和艺术价值。

　　二〇〇三年秋天，太湖古建筑勘测设计院对会老堂进行了为期一个月的实地测绘。这是会老堂建成近四百七十年来第一次完整的科学测绘。

　　由于当时条件所限，测绘内容不甚完整，精度亦略有偏差。时隔十五年，二〇一八年夏天，特邀请同济大学建筑系朱宇晖教授及他的弟子史瑞琳，对会老堂进行了第二次测绘，更加严谨地还原了会老堂的历史原貌。

　　在此别册中，我们重点将第二次测绘内容进行了汇总，与读者一起分享明朝建筑的精美。

▲ 会老堂山墙复原图

原貌概况

会老堂的主体建筑座北朝南,以中轴线分布,依次为门屋、大厅和楼厅、西厢房、后花园等。每进间以天井相隔,正中有院门贯通,呈前堂后寝的传统建筑布局,结构有序。现存楼厅、砖雕影楼、西厢房、更楼及大厅门屋遗迹。

楼厅:是目前保存比较完好的部分。底层正间门窗不为原物,原窗为"满天星"形式,所有长短窗已改动,雀宿檐原有飞椽,现残损;上檐为原构件,外口为八角沿柱,上卷杀;锁口、踏步已坏,天井为"人字形"砖铺设;底层采用屏门隔断,北面屏门应在后步柱初(靠墙),地板已改动过;底层南部柱梁已下沉十厘米;正间四扇门已后移,并东后步柱有七十厘米腐烂;楼梯为原构件,现破损严重。楼层后包沿中椽柱已坏;现有的两边板壁均为后期制作;楼层地板也为原件但已腐朽、残损;屋顶作法为:椽子加望板再附望砖及砖板;东山墙为后砌,东部花机已损坏;西间裙板为原构件,屏门为朱红广漆,柱头为退光漆保存较好,风拱花机已坏,山雾云保持完整,后檐柱已坏,枋子已烂。根据痕迹、遗存构件,窗台下原裙板为活络杈板;后包沿应拆换屏门。整个屋面漏雨为普遍现象。

照墙:原东西齐平连接与楼厅沟通成院落;院墙朝里全以细砖贴嵌,石库门坡顶上饰以缠枝纹;照墙上面部分拆除,下部门楹现为水泥砌作,原应为木质,上下为花岗岩,门头砖有部分脱落。

西厢房:修复前为周家所有,保存比较完好。天井照墙完整,楼道及正屋长短窗均非原物,一、二楼屏门隔断为后作,二楼过道裙板腐烂,屋顶东南三根椽子腐烂,屋顶局部透光;东侧楼梯为后来添加,地板损毁严重;厨房水井为旧物,格局已改,房屋后建;辅房均为后建,与原建筑年代相差较远。

更楼:保存完整。

大厅:先已毁。原址上有枇杷树五棵、桃树两棵、银杏两棵。

大门:已倒塌。位于建筑物的东面,为石库门与围墙结合形成,由于保护滞后,现仅存上下门槛。

门屋:现已毁坏。根据遗迹分析,其进深为五点八米,面阔四点三米,原为将军门形式,后包沿与大厅东山墙齐平,原地坪为人字形铺设。

五百年王者兴
GREAT AGAIN IN 500 YEARS

「会老堂楼厅复原图」

「会老堂楼厅现状」

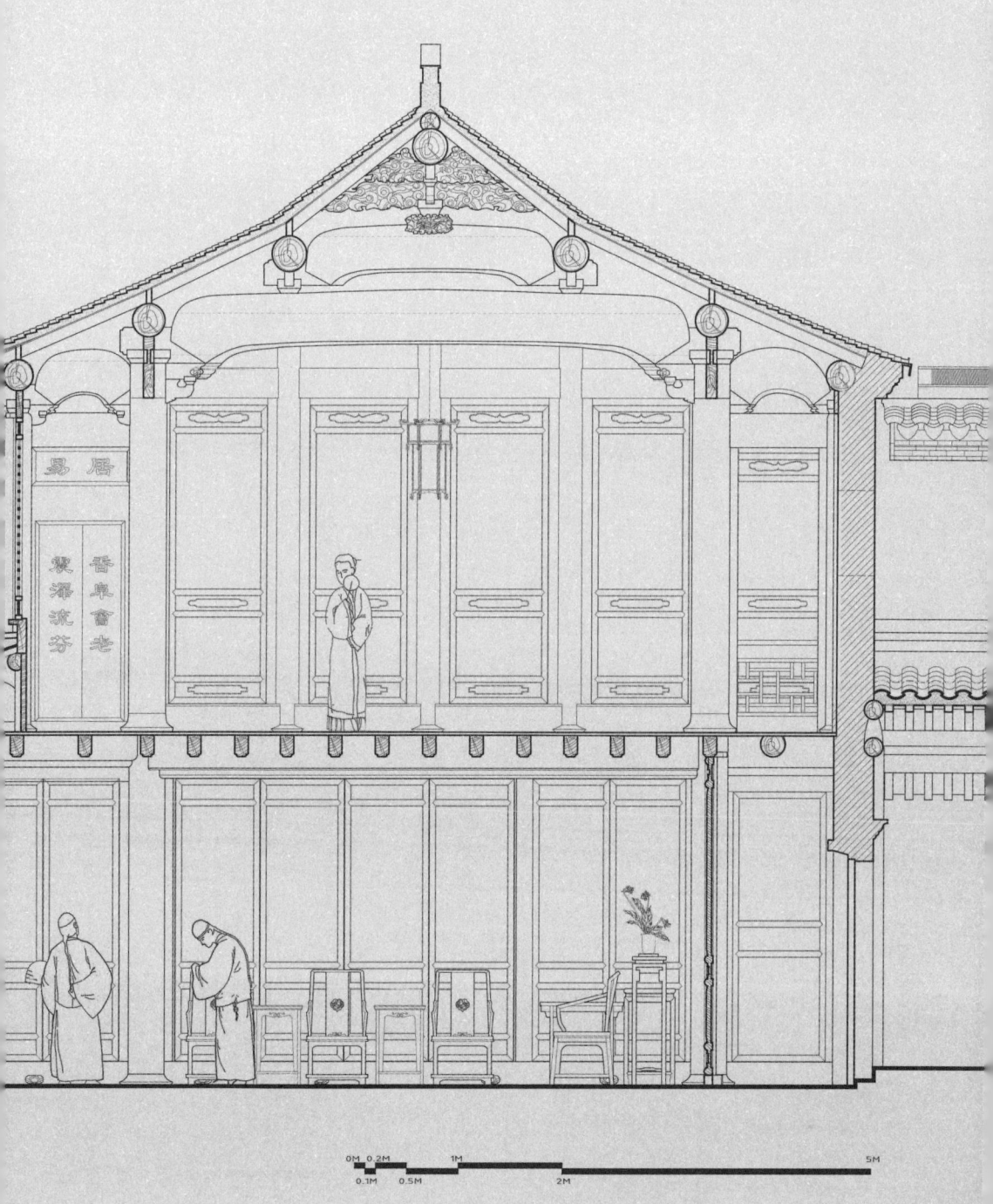

修复重点

二〇〇四年初，太湖古建筑勘测设计院为会老堂制定了修复方案，重点如下。

秉承大力弘扬保护古建筑"修旧如旧"的宗旨,对原有结构件尽可能的使用,局部修缮整治,对传统建筑集中的区域采用成片保护的方式,以尽可能多的保存历史信息、历史遗迹,能恢复的尽力恢复,保留原有格局,体现原有建筑环境的统一,原汁原味的还原该建筑在本地区的特色,同时又符合业主对现有施工的要求,兼顾注重人居的舒适度和自然环境协调,在修复的前提下适当考虑增设一些景观布置,以更贴近"以人为本"的居住理念。具体是:

一、大门：利用遗存的上下门槛和断裂的石门构件，修复石库门，保留原围墙。

二、门屋：利用遗存的坤石、石阶等，复原将军门形式与门厅的建筑，并在其后部增设长廊，达到美观和增加旱道的效果。

三、门厅、门头部分运用遗留老材料，不够部分添加老料，门头厅和门厅门做旧后油漆成黑红色。门头、门厅、柱子、拴及其它木料颜色与楼厅、餐厅过道统一。

四、重造院子：拆除分割王周两家的风火墙，保留原大厅地面的破碎老青砖；在北侧增加一个明式古戏台；沿院子四周将回廊延伸并沟通；东廊扩展宽度为二点五米；南廊中间增设一个轩，为看戏赏花之用；东廊与戏台之间挖出一个鱼池，池底通向东廊下，为鱼儿避暑驱寒所用，四周用太湖石围绕；

五、屋面翻修：打开全部屋面，更换腐烂的椽子，清理老旧小青砖和青瓦，保持原有的弧度、坡度和外观，并在拴上铺一点五厘米木板，木板上铺小青砖，用白石灰砌实，青砖上面铺SBS防水材料，再用青瓦封面，小青砖和青瓦以原有材料为主，缺失部分寻找同年代的补充。

六、栋梁下雕刻损坏部分，采用老香樟木，请高级木雕师傅模仿原图案修复，再用烧碱做旧，上桐油三次，油漆成原来的整体颜色。

七、楼底地板全部采用老杉木新做，二楼保留原地板，损坏部分用老杉木补充、做旧，地板和楼板油漆统一颜色。

八、栋、砖、瓦、拴、柱子及整个原建筑物材料，全部用烧碱喷洒，再用清水冲洗，

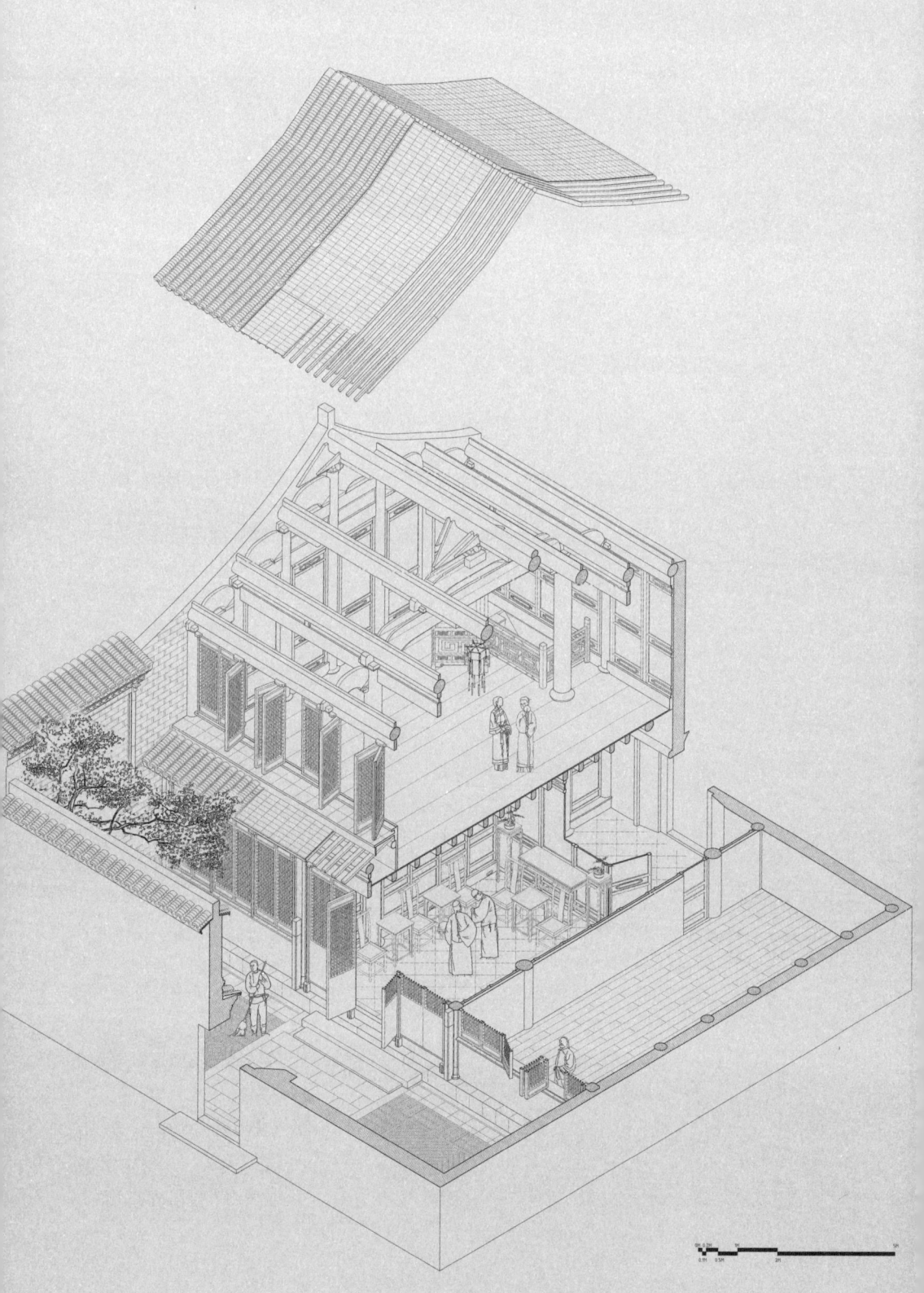

五百年王者兴
GREAT AGAIN IN 500 YEARS

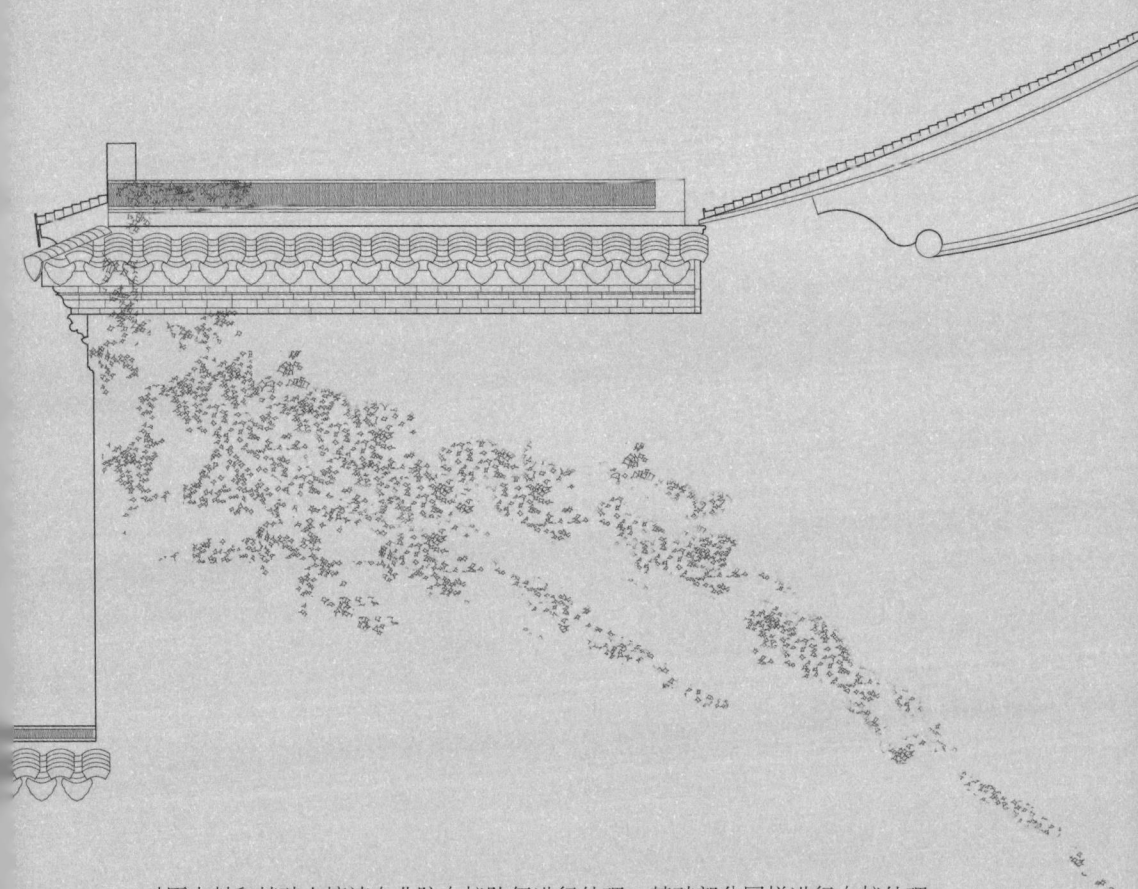

对原木料和基础土壤请专业防白蚁队伍进行处理,基础部分同样进行白蚁处理。

九、楼梯、隔间的屏风全部拆开,重心拼缝,上防潮木胶粉修理,内外墙面用传统工序加厚,1∶1∶6水泥、石灰、砂浆打底,加厚纸巾灰粉刷。

十、更换腐烂的边柱、边梁及小拱斗,扶正倾斜的墙体,用千斤顶顶起不换部分,以偷梁换柱方法实施。四根大柱底部油漆缺损部分,用纱布、白胶做底,外用生漆灰修复,使用传统的"拖泥带水"方法施工。

十一、门窗:门窗全部更换,用老杉木统一恢复满天星样式,本色油漆。重新换上的梁、

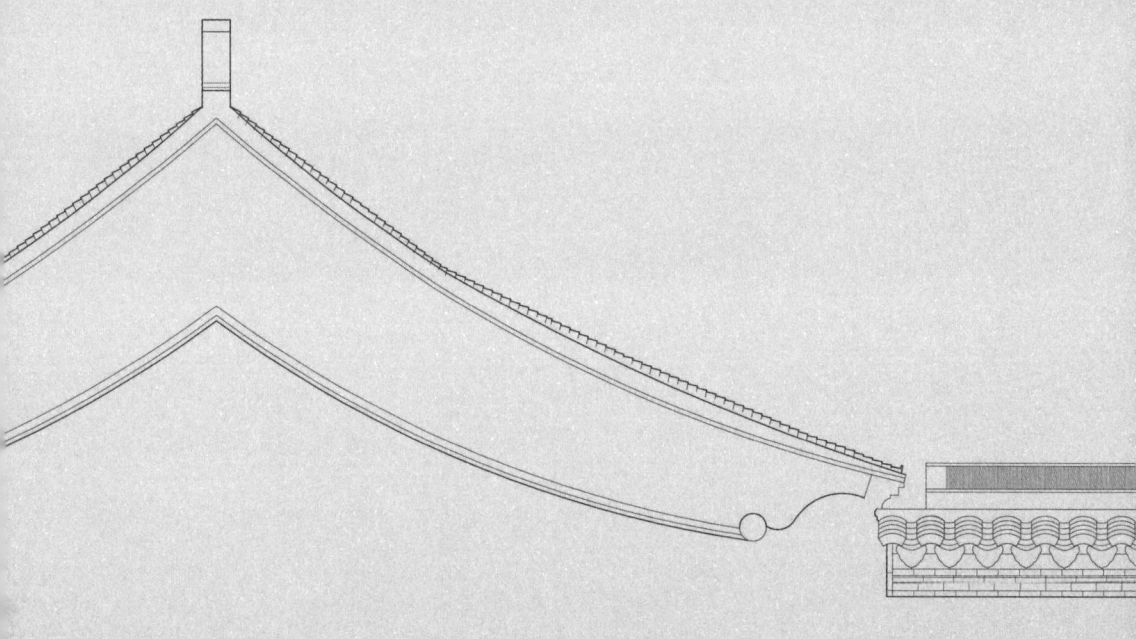

小拱斗及屏风等，均选用老木料，用烧碱做旧，上桐油三次再油漆成旧色，然后再用生漆罩面，使之保持原有风貌。

十二、后屋与四周墙拆除，重心挖基础消毒，地基上按施工标准打地梁，然后用八五砖扁砌，柱子、门、木楼板、屋面与主楼一样施工。

十三、拆除东侧损毁楼梯，用老木新做楼梯改到西侧。

十四、增加三处卫生设施，楼厅一楼东西各一处，餐厅东侧一处。

十五、照墙：砖缝清洗，恢复中间石库门框。

十六、西厢房：翻修屋面，更换腐烂的椽子，更换破碎的内外瓦；用老杉木料统一更换门窗，恢复原有式样，更换过道木裙板；楼梯改道，原有楼梯位置改为盥洗室；木板隔墙中间增加隔音层。

十七、改建辅房：拆除西厢房南侧二间辅房，以及西侧平房一间，改建成大小两间二层小楼，与会老堂主体建筑和西厢房二层结构相统一，在原隔弄处增加楼梯通道。

十八、翻建厨房：保留厨房水井，在原基础上修建原有厨房，增加一蟹眼小天井。

十九、保留更楼：去除更楼墙面浮灰，翻修屋面，刷洗砖缝。

五百年王者兴
GREAT AGAIN IN 500 YEARS

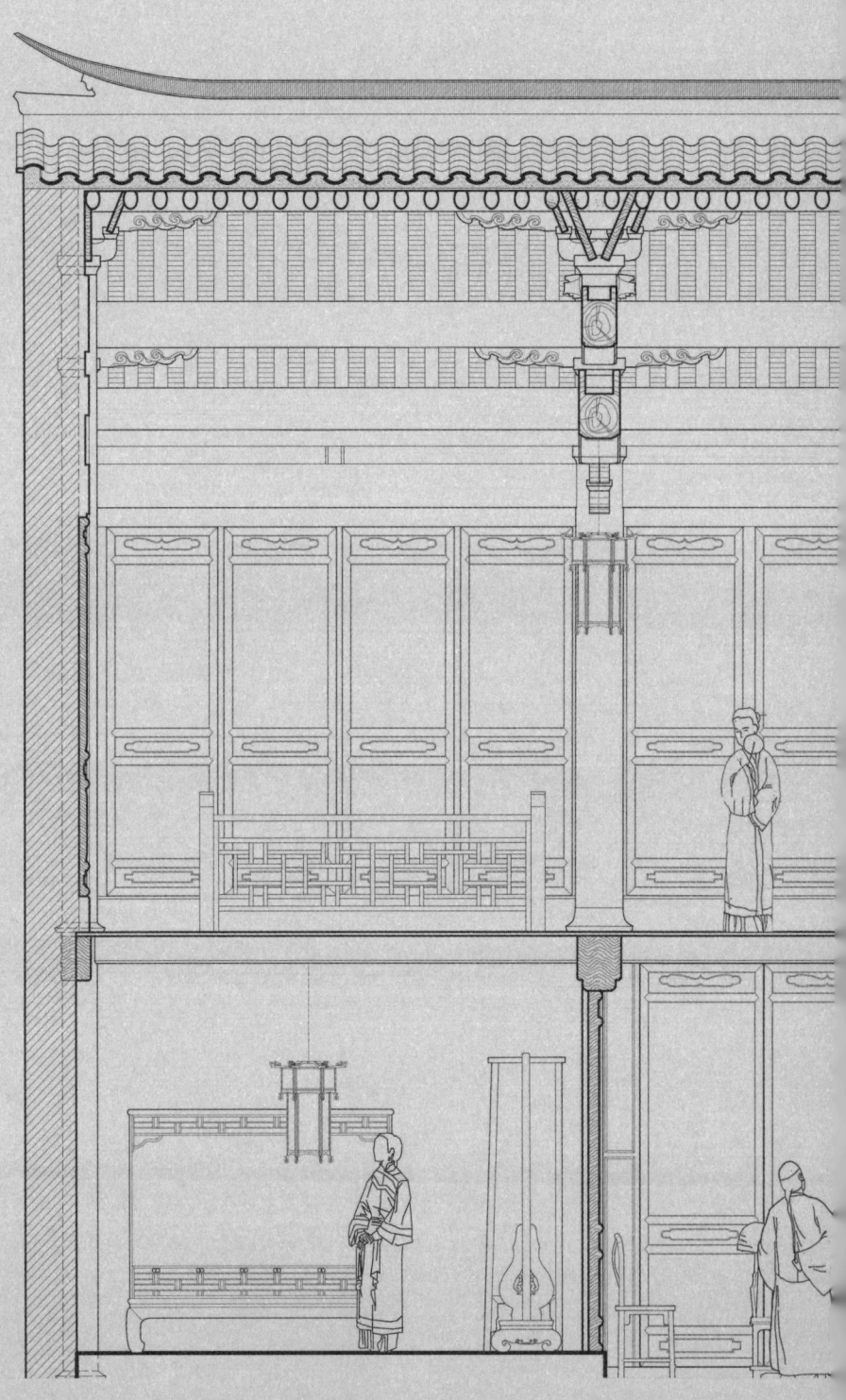

五百年王者兴
GREAT AGAIN IN 500 YEARS

重要构件
山雾云

会老堂的"山雾云"位于楼厅梁架的山脊处，两排金柱左右四个加上东西两头山脊各一个，共有六处山雾云透雕花片，均为上下三层的组合图案，上面二层各用四块整料雕刻而成，整体向上向下俯势，下面一层将太湖夏荷枝蔓的优美曲线融会到花片中，叶茎在花片的翻卷舒展中与云片有机结合，构造摇曳多姿、万里祥云的三维立体效果，给人以驰骋腾跃，福运连连的美好愿景。

同济大学苏州园林研究专家朱宇晖老师常常带着他的学生来会老堂上课，他说，这是苏州地区最大、最好的明朝山雾云构件，与会老堂梁架屋脊完美匹配，毫无造作之态，宋味气韵犹存，连同会老堂楼厅，是这个建筑保存最完好的地方。

五百年王者兴
GREAT AGAIN IN 500 YEARS

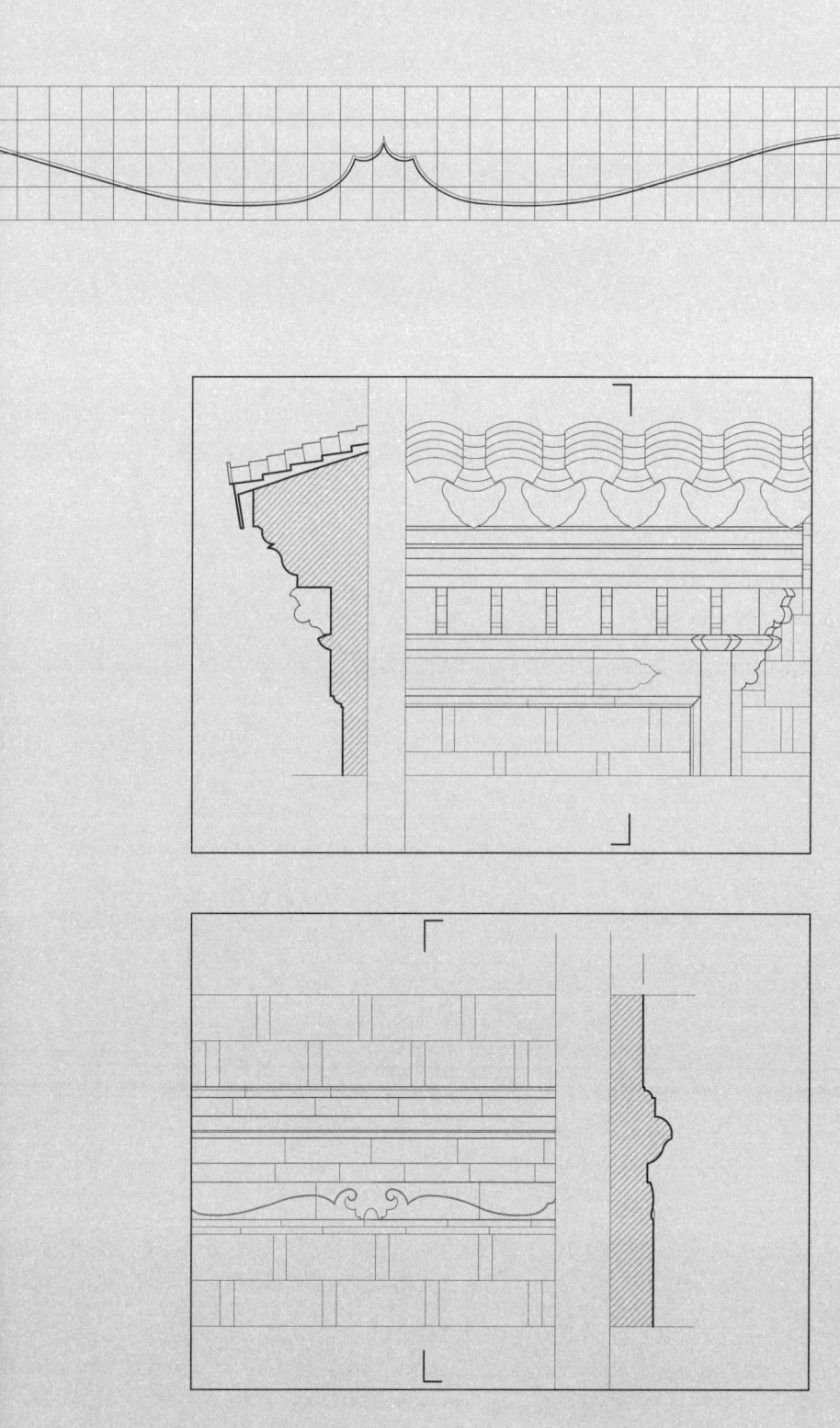

五百年王者兴
GREAT AGAIN IN 500 YEARS

重要构件

照壁砖雕

苏州地区明清建筑中，最有特色是大量精美的砖雕照壁和砖雕门楼，代表当时经济的繁荣和审美的高度。

会老堂的砖雕照壁位于楼厅天井。整体照墙一洗水磨青砖，拼缝笔挺，细如毛发，在两层楼高度，围有一圈砖雕腰线，为明代最具代表性的缠枝花纹样，雕工极具匠心，三维立体、明暗分明，上拼四十五度角方砖，按照朱宇晖老师解释，这叫"天宫楼阁式照壁"，圆形抱住与须弥座尚属完好，右边的丁字形斗拱保留比较完整，宋韵还在。

只因会老堂失守多年，因当年亲戚家里造房子缺少砖料，拆了南照墙上面两米多高的砖，挪为它用，如今檐口低了很多，令人扼腕叹息。

重要构件
金柱

　　是指前后两檐以内，除了中轴线上以外的柱子都叫金柱。会老堂有前后两列金柱，传说是通天柱，材质为金丝楠木，表面为原有生漆，做工考究，已产生自然龟裂纹，非常漂亮。

　　据说我国古代建筑中，没有一幢建筑有使用超过四列金柱的，故宫也不例外。

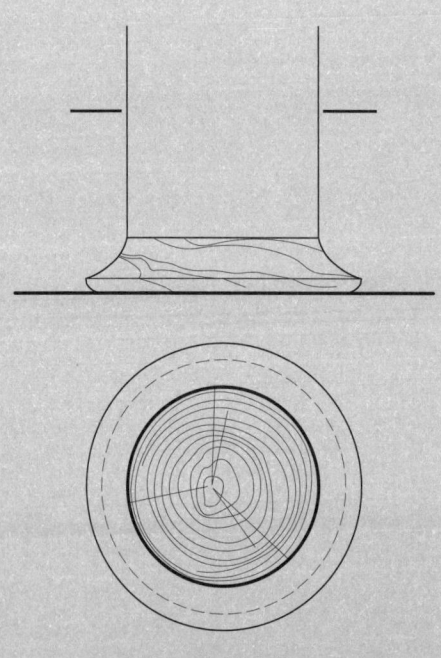

▲ 金柱一层柱櫍大样。

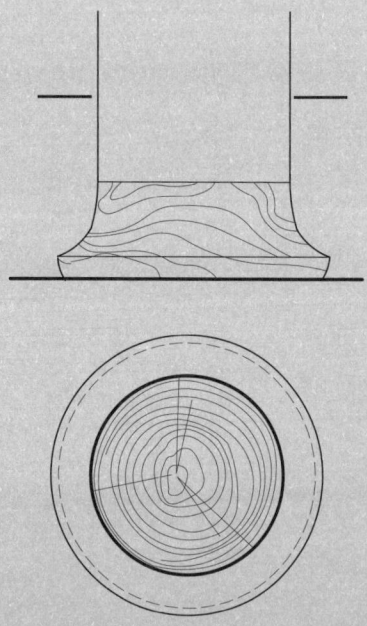

▲ 金柱上层柱櫍大样。

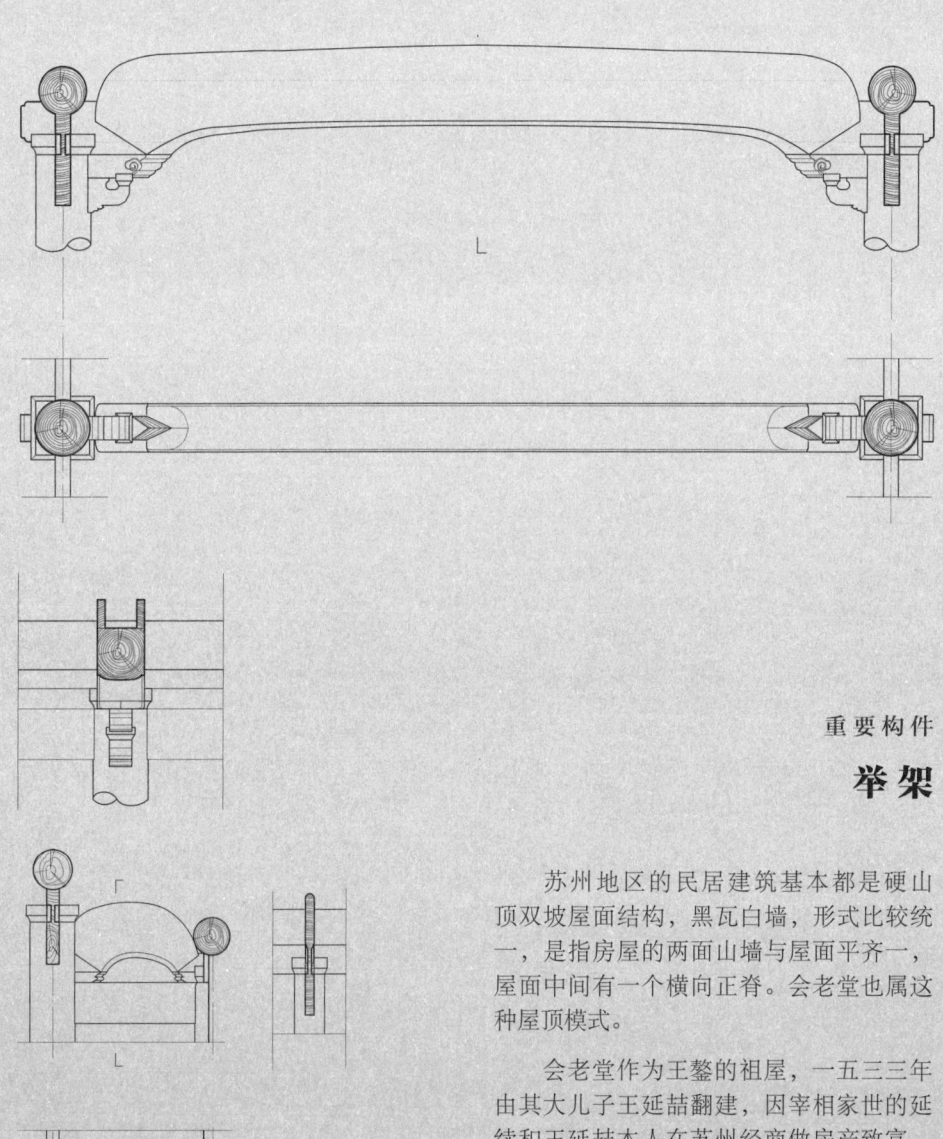

重要构件
举架

　　苏州地区的民居建筑基本都是硬山顶双坡屋面结构，黑瓦白墙，形式比较统一，是指房屋的两面山墙与屋面平齐一，屋面中间有一个横向正脊。会老堂也属这种屋顶模式。

　　会老堂作为王鏊的祖屋，一五三三年由其大儿子王延喆翻建，因宰相家世的延续和王延喆本人在苏州经商做房产致富，会老堂建造格局较之普通民居气派很多。其进深宽度要比普通民居深，一般民居的屋架为五檩三举架，会老堂楼厅主体建筑为七檩五举架加前后步廊，使得整个建筑的进深达到九点五米。我在东山考察过明代同时期民居建筑五六处，只有位于杨湾村的明善堂大厅的进深大于会老堂的。

Chapter Three
Restoration

第 三 回
修 复

修 复 故 事 /

梅花香自苦寒来

我在对会老堂十多年的修缮过程中,重点是为这个四百八十多岁的老宅把脉诊治,确保其健康,所以大大小小的修缮工作几乎年年都有。因此我对施工环节非常熟悉,各种工种的配合程序、时间节点、匠人选择、用料来源等等,都谙熟于心。

我写这本书的时候,有关专业问题多次请教同济大学建筑系教授朱宇晖先生。二〇一八年暑期,他指派了自己的得意弟子史瑞琳,在大暑天来为会老堂测绘制图。书中的许多测绘图都是出于瑞琳姑娘之手,我对她的勤奋和刻苦深表敬意。

其间,瑞琳姑娘提出想借此机会多测绘几个东山的明代老建筑,我欣然答应。我带着她走进了务本堂、明善堂、怀荫堂、春庆第等与会老堂差不多时期的老建筑。她认真做测绘,我认真看细节,借此机会我得以仔细了解这些东山明代老宅的境况。这些跨越了几个世纪,有着四五百年历史的明朝建筑,有的作为政府资产已经得以修复,保护等级很高,但用途不明至今空关;有的作为个人私产,不舍得花钱大投入修缮,只是头痛医头、脚痛医脚,期待靠它卖了赚钱;也有的还是住着"七十二家房客",杂乱无章,残破不堪,看着让人心疼不已。回头想想十五年前的会老堂不也是一副即将倒塌的破败样子嘛!只是十五年来,我们用力用心来呵护它,不断地修缮,合理地使用,才有了今日"她"笔挺的脊梁和容光焕发的面堂。

我的修复日记和一些修复故事,只是反映了我与这个建筑的一个侧面。整个修复过程有太多辛酸苦辣和无奈。邻居的不解和阻扰,曾让我举步维艰;初始的懵懂无知,曾导致施工反复;资金的捉襟见肘,曾让我吃睡不安。对于修复过程中不断遇到的专业问题,我有两篇小故事《金砖》和《櫺》中略作介绍;对于遇到我敬佩的匠人师傅和老师,我在《匠人》这篇文章中向他们致以敬意。如今这些困难和曲折都随着时间而去,变成了今日的感慨抒怀。明代建筑特有

Chapter Three
Restoration

第 三 回
修 复

▶ 史瑞琳在为会老堂的山雾云结构进行精密测绘

的劲力悠扬,就像昆曲《牡丹亭》中所述"良辰美景奈何天,赏心乐事谁家院"。

十年磨一剑,老宅是知音,这是发自我内心的真实感受。十五年来我为这个建筑付出的所有努力,会老堂都以别样的方式给予回报。在这个老宅里,我找到了谦卑和包容,学会了放下和平衡,收获了友情和知识,更多的是理解了中国人的古训,"梅花香自苦寒来"。

走遍东山明代老宅,我在想会老堂是否也会发出"相识满天下,知心能几人"的感慨。我认为一幢明代老宅的生命延续,最重要的保护就是陪伴,这是中外古建筑保护领域始终敏感的话题。我曾在德国多瑙河边上的一个小镇,遇见跟会老堂同样背景的一幢古堡,有一对母女将其修复以后,作为高档餐厅对外开放,我在参观了内部细节以后,深感主人在资金投入上力不从心。所以我这些年一直在思考,修复自然重要,修复以后如何合理地使用、健康地使用,让一个几百年的文物成为始终活着的文物甚为重要。会老堂修复以后的十二年里,一直被谨慎地使用着,我们努力做到既要有人生活在里面,又要控制合理的人数,简单地说就是房子要有人气,但老宅的人气不能太旺,这是一个很难把控的度。目前会老堂作为精品酒店的用途,基本达到了我设想的要求。

会老堂的修复不是范本,只是我自己摸索出来的一条保护之路,其中甘苦自知,未来留待时间来作交代。

五百年王者兴
GREAT AGAIN IN 500 YEARS

Chapter Three
Restoration

第 三 回
修 复

▶ 金砖发现过程

修 复 故 事 /

嘉靖十二年金砖

二〇一三年的夏天，会老堂进行了第六次修缮，重点解决地面潮湿和安装地暖，还修理了几处破旧的老墙。就在地面防潮施工的下挖过程中，施工人员发现楼厅正面边柱下方的大青砖上落有边款，总管闻风即刻通知我，听此消息我欣喜不已，即刻从上海赶往会老堂。

齐师傅和施工人员小心翼翼地将几块老青砖抬出地面，随着刷子蘸清水轻刷砖面，砖上的落款渐渐地清楚地呈现在大家眼前："嘉靖拾贰年春季分造贰尺方砖"。这十三个字让我激动不已，那种尘埃落定的感觉，仿佛给丢失的孩子找回了亲生父母。会老堂建造年代的谜底，在此时终于揭晓，明朝嘉靖十二年就是公元一五三三年。我双手抚摸着这块重达一百多公斤的方砖，似乎回到了四百八十年前的情景，感慨万千，心情久久不能平静。这块青砖，作为整个建筑的奠基石，默默承载着几十代人的足迹。古往今来，悲欢离合，世间纷扰一一归于平寂。

金砖其实就是青砖，也叫京砖，是明清时期作为皇家建筑铺地所用的大型细料方砖，大都在苏州附近的几家窑厂烧制，因其制作工艺复杂，烧制环节繁琐，必须"敲之有声，断之无孔"，铺设工序精密，造价昂贵，而称金砖。金砖尺寸一般在一尺四到二尺二见方，古代一尺相当于现在的三十二公分，厚度在八到十二公分之间，会老堂的金砖六十八公分见方，十点五公分厚。在边款一头，还有负责督办的校验官的落款"南直隶常州府管贡检校欧仪"，一同钤印在同一个侧面，而烧制窑厂的落款则是在另一侧面，一方很小的长方形阳刻印章"小甲施霆下窑户丘署"。可见当时皇家御制的建材不仅要标明生产厂家、产品标准，还要具名检验官的名字，一旦出现质量问题，谁都别想推脱责任。

明朝嘉靖年间，宫规戒律严明，在民居建筑上使用金砖，那是与三朝阁老王鏊的官位等级有关。史书记载，王老爷子正德四年第三次上疏请辞，才被批准告官回乡，嘉靖元年和嘉靖三

Chapter Three
Restoration

第 三 回
修 复

年,明世宗朱厚熜两次派人赐厚礼慰问王阁老。嘉靖三年即一五二四年,王鏊在家中辞世,皇帝辍朝一日以示哀悼,并派人赐麻布五十匹,赙米五十石,谕令祭九坛,诏命工部派人前往办丧。看来老爷子退休以后得到的待遇也不低,一直受到嘉靖皇帝的垂爱。至于"会老堂"三个字的来历,王家老人说这三个字的牌匾是皇帝所赐,原来挂在东楼厅二楼,上面的铜环挂钩痕迹虽然还在,但牌扁被人拿去拦猪圈烂掉了。

嘉靖十二年,王鏊的长子王延喆已经五十岁,那实在是知天命的年龄,王延喆本人是明代著名的藏书家、刻书家,他常年居住在苏州城里,建根据多年对王鏊进行研究的扬维忠老师称,这座别院的真正意义,应该是王延喆五十大寿之际,回到东山翻造老宅,振兴祖业。

都说世间所有的相遇都是久别重逢,历史,总是很有意思,正是嘉靖十二年那个时间节点,激发我更愿意走进会老堂的历史,更深层次地去理解曾发生在那里的人情和物情。

五百年王者兴
GREAT AGAIN IN 500 YEARS

Chapter Three
Restoration

第 三 回
修　复

▼ 金砖上的铭文
左侧：嘉靖拾贰年春季分造贰尺方砖
右侧：南直隶常州府管工官检校欧义造

▲ 柱础

Chapter Three
Restoration

第 三 回
修　复

修 复 故 事 /

木柱和榫

　　中国古建筑因木质用料的普遍性，目前留存年代最早的，是梁思成、刘敦桢先生在上世纪三十年代发现的唐朝建筑，位于山西五台山的佛光寺和南禅寺，距今约一千二百多年。历史信息保存较好的大都是寺庙建筑，这与当时佛教的兴盛、人们对于宗教的顶礼膜拜有关，在建造寺庙用材上舍得花钱，因形制和结构远远高于民居建筑，才能够让后人可以一睹千年之前中国建筑的辉煌。

　　二〇一四年和二〇一七年，我两次走访佛光寺和南禅寺，一次比一次深刻感受到千年木构建筑留存至今的不易。也许山西干燥的气候环境，偏僻落后的山区位置，造就了木构建筑虽历经各个朝代的世事变幻，还能留世至今，也有佛教意义上慈悲力量的震慑，才让吾辈得以虔诚的瞻仰。这对于我这个多年投入于古建筑修缮的亲历者来说，在参观这些古寺庙时，更加具有紧迫感，希望政府简化程序，尽快完善文物保护的法规，为华夏子孙多保留一些历史的记忆。

　　位于江南太湖边潮湿气候下的会老堂，与苏州地区的很多老园林相比，至今留存的楼厅和西厢房，规模不算宏大。但会老堂东楼厅的四根楠木柱子，以及大梁、桁条、椽子等木构件，为这个建筑能够屹立至今立下汗马功劳，这些木结构用材之大，在民居建筑中实不多见。

　　会老堂楼厅，面阔三间，进深七檩，为硬山造前后单步廊形式。通面阔十二点四米，进深九点五米。楼厅下置石台基，明间前面有花岗岩踏步两级，里面是斜铺方砖。二楼为杉木老地板，风化痕迹处处可见。前后四根金柱为楠木材质，柱子下各施八十公分的方形柱顶石，柱顶石和柱子之间有一直径五十三公分的扁鼓形木柱础。柱子被老生漆包裹得严丝密缝，仅有一些龟裂纹透露着四百八十余年的历史信息。

　　二〇一三年的地暖改建工程，似乎歪打正着，我们对会老堂的东楼厅地面做了一次很彻底的防潮施工。当八十公分的柱顶石完全裸露出来的时候，始终亲自参加施工的大厨齐师傅，发

五百年王者兴
GREAT AGAIN IN 500 YEARS

1	2
	3
4	

78

Chapter Three
Restoration

第 三 回
修　　复

◀ 修复木柱

1. 清理南边柱子部分早已腐烂的櫍。
2. 用定制的石墩取代原有的櫍。
3. 石墩安放到位后灌浆防腐封闭。
4. 被白蚁蛀空的柱子内部。

　　现东南柱的入地部分木质特别疏松，他用手把疏松的木质慢慢扒出来，都是一块块小碎片，直到清理干净，柱子中心形成了一个向上深凹的空洞，经分析这是被白蚁多年蛀蚀的结果。尽管楠木结构坚硬密实，不是白蚁喜爱的树种，可想想四百八十多年来，这群白蚁面对不怎么美味的食物，难得啃噬几口，出现了这个"可爱"的小树洞。总管闻风用手机拍卜里面网络状的圆形结构时，我心里在暗暗地嘲笑这些可恶的小白蚁，你们辛苦了四百八十多年，才啃出这么一个小洞！

　　在发现这个白蚁老穴时，让我意外收获了一个特殊的建筑名词。在柱顶石和柱子之间，有一块二十公分厚的圆形横纹木块，底部比柱子大，上部中心有一个凸出的三寸方榫头，与柱子凹进去的卯相吻合，形成一个稳固的结构体。这个结构在古建筑上学名叫"櫍"，从外形观看就是扁鼓石的部位，虽然已被白蚁蛀蚀的千苍百孔，但整个形制依然清晰，拿在手里让我感慨颇多，方形榫卯的结合起到固定柱子不偏不移的作用，横纹木质有利于潮气向四周疏散，古人借助这块独立的小构件，将稳固和排潮功能巧妙的集于一体。如此精妙的巧思，让我这个后人看了佩服得五体投地。

　　因考虑到柱子底部空洞可以用水泥浆封闭，"櫍"已经一掐就粉碎，无法再利用，我们根据每根柱础高度定制了厚薄不一的石墩，替代"櫍"的结构，同时再用水泥浆封闭柱子与石墩，同样起到了固定的作用。

修 复 故 事 /

杀白蚁和生漆

会老堂地处的苏州东山半岛，草木茂盛，物产丰富，四季花果飘香，洞庭山盛产枇杷、杨梅、橘子、银杏，俗称"花果山"。正是这种树木茂盛之地，也是白蚁多产之地，那些枯死的老树成了白蚁最喜欢的蜗居，加上东山半岛古旧老宅鳞次栉比，腐柱朽木也成了白蚁的家园。

起初，一提到白蚁就会让我心生烦闷，因为就像医院里那些慢性病人一样，每年一到固定的时令就要发病，又很难完全根治。会老堂修复后的前三年就在这样的情况下度过，一到六月我就操心，只要我人到会老堂，员工肯定第一时间跟我说"白蚁又飞出来了"，我们就只好打电话给苏州市白蚁防治中心，请专业人员过来反复进行喷药，也不知效果如何。

这三年的白蚁消灭运动，让会老堂与苏州市白蚁防治中心结了缘，每年需要中心不断派人来杀蚁，甚是频繁。后来考虑到会老堂远离市区，他们过来耗时较长，同时因我们对防蚁、杀蚁工作很重视，他们深受感动，防治中心就派人带了药水教我们员工如何杀虫，并要求我们严格保管杀虫剂。就这样，我们齐师傅学会了安全有效地使用杀虫剂，保证了随时发现随时处理。

在对会老堂东楼厅进行防潮处理过程中，我们发现了柱子与柱顶石衔接位置被白蚁蛀蚀的情况，不仅现场及时药物喷洒，为彻底消灭这个白蚁窝点，我还将以前当护士学到的打点滴的方式，用到了杀蚁行动中——每天慢慢地将药水滴进木头中，一点点全面渗透，三天一个疗程，然后再用水泥浆填满这个空洞。这样一来，这个白蚁据点被彻底消灭，我内心也安定了好多。

经过每年不断发现、不断处理，这几年的会老堂，基本不见了白蚁的踪影，但由于周边老宅林立、山上朽木存在，时常能在梅雨季节看到那些有着透明翅膀的蚁虫飞过来，所以，防蚁工

作一天也不能松懈，这是一场永不停息的战斗。

生漆，也叫大漆，是从漆树上采割下来的一种白色乳剂，与空气接触后会变成褐色，四小时左右表面结成一层漆膜，耐腐蚀、耐热、耐磨。

会老堂的多次修缮工程中，油漆工序始终是我非常重视的工作。油漆选得对不对，工艺做得好不好，涉及到木构件生命长短的关键问题。尽管貌似施工阶段多花了很多钱，但是从建筑寿命来说，这是一件非常值得重视的事情。所以，每一次油漆施工，我都一遍遍向工程队强调，必须坚持用传统的生漆古法工艺，不得有半点马虎。因为现在的油漆市场，追逐高利，真假难辨。

记得会老堂的一期工程中，邹健康工程师的助理应国刚，为了买到生漆，凌晨四五点起床，要在苏州汽车站等长途巴士，有人从广西带过来生漆，怕去晚了被别人买了去。

当时我对老建筑的修复程序比较陌生。二〇〇六年是一期工程的第三年，油漆工序占去了大部分时间，每周到会老堂查看，都不见明显的进度，与油漆师傅聊天才知道，生漆工艺是需要时间来等待的。

我们修复中使用的都是老旧木料，前期缝隙填补、刮腻子、砂纸打磨反复二到三次；中期披麻压麻、找细腻子、细砂打磨、溜细灰二到三遍，每一次需要等自然风干；最后才是上底漆和面漆过程，也是二到三遍，同样必须自然风干。生漆的工艺中对温度和湿度都有要求，湿度在百分之四十到百分之七十五最佳，高温和低温都不能刷漆，所以会老堂的油漆工程基本都选择在江南的春夏多雨季节施工，为保证一定湿度，施工期间地上都要铺上湿麻袋，以减少生漆干裂的概率。南方七月梅雨以后的高温和冬季五摄氏度左右的天气，都不能刷生漆，要不然开裂的概率更高。

刷生漆三天内易致人过敏，是几乎每一个人都会碰到的麻烦。油漆工人因长期接触有了一定的抗过敏能力。二〇〇六年，我第一次碰到生漆过敏，当时从工地回到上海，浑身发痒，脸上、脖子上、小腿上都长出了红包，原因是漆酚和多种挥发物与空气氧化后所致。二〇一七年我们对西厢房、戏台、院子做了一次比较大面积的油漆翻修，几乎所有员工都出现过敏，身体裸露部位出现了红疹，严重的有水泡，我也再次中招。

会老堂这些年在修复工艺中，经历了时间考验的油漆工艺是最值得我自豪的。二〇〇六年做的生漆，院子和戏台部位常年受到风吹雨打的廊柱，直到十年后的二〇一七年，我们才第一次做了大翻修，这已经超过了三年左右正常修补周期的三倍了，值得为施工队点赞。但是与会老堂楼厅内四根楠木柱子的油漆工艺相比，我们现在的工艺水准远远达不到老祖宗的精道。更不要说现在以古建筑名义修复的公共建筑或酒店民宿，油漆的开裂成了这些修复项目的一大通病，让我这个从实践中走出来的半个内行，看了心里不是滋味。

▲ 上漆过程中披麻压麻的工序

五百年王者兴
GREAT AGAIN IN 500 YEARS

Chapter Three
Restoration

第 三 回
修 复

修 复 故 事 /

匠人

这十五年对会老堂不断修缮的过程中,同我打交道最多的就是匠人,尤其是木工和油漆工。因为明朝建筑精华留存最多的都是木作构件,因木结构的保存年限受到原材料物理性质的限制,不可能和石材一样千年不朽,因此,修复工作常常围绕着这些木构件展开。

苏州地区最著名的匠人代表就是"香山帮",他们在明清时期修建北京紫禁城宫殿、苏州园林等建筑,闻名遐迩。苏州的"香山帮"指位于太湖之滨,以吴中区胥口镇为中心,涉及到木渎、光复、东山、西山、横泾等乡镇,有二千五百多年的历史,这里百余村庄,人多地少,自古以来就涌现了不少杰出的建筑工匠。香山帮,是以木匠为领衔,集木匠、泥水匠、石匠、漆匠、堆灰匠、雕塑匠、叠山匠、彩绘匠等古典建筑工种于一体的建筑工匠群体,可谓技艺不凡。苏州历来古建密度高、保护较好,这得益于大批香山匠人的精湛手艺;会老堂得以完整修复,同样也得益于这批能工巧匠的精心配合。

很多人会问我,会老堂的修复方案是怎么来的?每每聊起此事,我内心总是无限感慨,那真是一个不能忘怀的故事。

二〇〇三年,太湖古建筑勘察研究所的邹健康工程师(我称他邹工)开始接手会老堂修复方案的制定,他亲自带队现场考察、实地测量,工作中毫不马虎。按工作进度他首先拿出了会老堂的原貌图,然后再进行修复方案的制定,我称之为一期方案。

经过一年半对会老堂楼厅的抢救性修复和院子再造,完成了一期工程。随后我花了半年时间收回了一墙之隔的西厢房。邹工又带着徒弟们进行了第二次修复方案的制定,重点是修复西厢房,以及院子的精细化再改造,增设戏台,全面沟通回廊,我称之为二期工程。

从二〇〇三年制定方案，经过二〇〇四年到二〇〇六年这三年的努力，邹工制定的修复方案一样样落到实处，我们一起完成了对会老堂来说最重要的、最艰难的抢救性修复过程，让一个濒临倒塌的明代老宅获得了新的生命。这是邹工与会老堂密切合作的三年，也是我与这幢老宅相濡以沫的开始。

古建筑修复和重建工作要求慢工出细活，根据现有建筑结合明代历史和文化，制定出完整的修复方案，一路上邹工是我的引路人，遇到不懂的地方，我总是第一时间请教他，那些陌生的建筑名词，拗口的称谓，慢慢装进了我的脑子里，是他的指点和鼓励，让我对修复这座残垣断壁老宅的信心与日俱增。

夫家四代之前就已离开东山，我作为王家的新媳妇，这么多年后来到这个陌生的地方，摩拳擦掌修老宅，起初谁也不认识我，我常常孤独地行走在千年古村的石板路上，总有几双陌生的眼睛看着我。随着修复工作逐渐深入，修复过程中与左邻右舍的各种矛盾，种种不公，常常使我开开心心地来，满含眼泪地回，满腹委屈无从诉说。每次觉得自己孤立无助的时候，就想到邹工和文管局的杨局长，我经常向他们倒倒苦水，说说难处，是他们给了我一次次精神鼓励，让我克服困难坚持下去。漫漫修复路上，他们成了我最大的精神支柱。

随着会老堂修复，我从一个门外汉渐渐入门，对古建筑慢慢熟悉。老宅作为精品酒店对外开放，为了功能上更加符合当代人的需求，防潮改造、绿化种植、灯光布置、卫生设施等内容的注入，始终没有破坏会老堂原有建筑格局和建筑风貌。每一次改进我都征得邹工的意见，他总是以营造苏州吴韵雅境引导我，希望我以中国士大夫生活方式为基础，在细节上逐渐回归本原，切忌不中不西、不土不洋，甚至细化到院子里种植哪类植物，养哪种鸟儿，都一一跟我交

Chapter Three
Restoration

第 三 回
修 复

待。正是他的这种引领，会老堂在营造文化氛围和品质生活上越走越好。

二〇一一年的大年初二，当我忙完了一天各路朋友的欢聚和接待，我给邹工打了个电话祝他新年快乐。当电话接通的时候，我叫了一声"邹工，新年好！"，话筒的另一头传来的却不是邹工的声音，而是他太太哽咽哭泣的声音，她在电话里对我说："邹工走了……"

我的心脏似乎被重拳击中，一下子停顿了几秒，在回过神来劝导邹师母节哀坚强后，我放下电话，眼泪顿时像决堤的大坝，怎么也控制不住，趴在床上嚎啕大哭。回想年前到医院探望过邹工，虽然他已不能起床，但还是很有兴致地和我探讨会老堂的未来，还夸奖说修好会老堂是我一生中做的一件大好事。我心里一直希望他能够再次踏上东山这块土地，因为陆巷古村的改建方案中，也有他的大量心血。邹工在短暂的五十年生命中，大部分时间都在为古建筑修复竭尽全力，是真正的幕后英雄，比起我这样能与会老堂朝夕相处的幸运者来说，他更多的是默默付出，也许正是这份全力的付出，让我为他的英年早逝悲恸不已……古建筑修复之路上，我失去了一位有着匠心、匠道的引路人，失去了一位宽厚的好友。

如今，散落在全国各地的古建筑都迫切需要得到拯救，中国传统文化在经历了百多年的断裂之后迫切需要在精神和实践层面进行续接，它们的重获新生离不开像邹工这样的人。他们用精纯的匠艺之心去守护古老技艺和家园，用最质朴的方式构筑了一个富有人情味的世界，为诗意中国留下历史痕迹。斯人已逝，言犹在耳，邹工生前为人谦逊低调，而我在此却要昂扬地、自豪地告诉大家，中国有这么一批了不起的匠人，他们的身上蕴含着的工匠精神历久弥新。

值得庆幸的是，邹工的女儿继承了父亲的遗志，大学毕业后做从事了邹工同样的行业。

五百年王者兴
GREAT AGAIN IN 500 YEARS

Chapter Three
Restoration

第 三 回
修 复

▲修复后的老楼厅

修 复 故 事 /

旧貌新颜

让我们从陆巷古村的老巷子走来,从以前叫做"百岁街"的石板路走进会老堂,看看修复以后的老宅……

会老堂原有大门已全部坍塌,修复中利用原有石料进行了恢复。现大门朝东,淳朴不张扬,隐于古街小巷中,与周边民宅如一。细看水墨砖面细腻柔和,砖细花窗纹路回环,石库门上阳刻"会老堂"三字端庄风流,意气不凡,檐下垛头雕花,并有砖细斗拱密密排列,建筑等级很高。

进大门有过道连着将军门,上覆屋顶,可避风雨。将军门体量小巧,但各项规制齐全,两个抱鼓石是明朝中期旧物,门梁上走马板上悬描金字匾,与进门砖细对景,匠心独具。将军门后连以回廊可达主路。

主路原有的大厅早期坍塌,现在改建为庭院,庭院北墙倚古戏台一座。戏台体量较大,为达到空间通透,构架上采用了花篮柱局部悬挑的设计,既满足了戏台前侧的跨度需要,还成为一个雕刻精美的点缀,与戏台下坐槛上的雄狮柱头相对,这一细节很耐品味。戏台等级颇高,檐下每面六座斗拱,总计二十座,每座斗拱均出凤头昂,昂侧为雕刻枫拱,其形如明代官帽两侧插翅,与会老堂主体明代建筑相吻合。戏台内侧为五层上旋藻井,藻井有汇音、扩音效果,美观之外,还有其声学上的妙用。

戏台正对一座小轩,在小轩中闲坐,即使对面没有悠扬的琴乐箫曲,仅是其雕梁画栋就可静静细品半日。

Chapter Three
Restoration

第 三 回
修 复

戏台与小轩之间连以回廊沟通，蒙蒙细雨的时节，驻足廊下，庭院深深的感觉油然而生。

戏台后为并排两座明代建筑，东楼厅和西厢房，未做任何改动。

东楼厅的修缮极为考究，原来地面碎裂的方砖都一块块经过清理后重铺，满是历史厚重的气息。二楼梁柱的用料硕大而不失精美，四根楠木金柱是整个建筑的中流砥柱，完好的保留了明代生漆的原貌，细密的皲裂纹述说着这个建筑的过往今夕。

山雾云雕花横跨巨大月梁上方，完好无损，模拟了云雾翻转、云层缭绕的景象，呈三角状由上至下沿着屋脊缓缓而下，讨的是一个浮云（福运）常在、吉祥如意的好口彩。

楼厅的门窗均是传统的满天星样式，为二〇〇六年修复时的老木新做，油漆均是暗哑的退光漆，毫无张扬做作，与明代建筑的简洁质朴一脉相承。

二楼地板保持原状，局部修复的地方做旧如旧，历史的年轮触手可及。

楼厅后檐东西各有一小天井，西天井有老井一口，古井微澜，相伴左右，人在其中也仿佛成了乐水的智者，二〇〇七年由军旅作家薛锡祥取名为"左逢源"。

庭院一角可见二层小楼一座，近揽全园，远眺青山，又别有仁者的胸怀。

庭院西侧还有小院，两处院落之间开有天圆地方月洞门，相互借景，别有趣味。

五百年王者兴
GREAT AGAIN IN 500 YEARS

　　小院北还有走马堂楼一座，两侧连以回廊进入西厢房。

　　西厢房东西两侧各有一个带回廊的客房，一排花窗朝向天井，照墙上瀑布一般的蔷薇四月开花格外妖娆，就像当年小姐等待着自己的心上人！

　　穿过西厢房天井，拉开一个铁锈紧裹的老门栓，厚重的老砖门里面是以前的老厨房，厨房南侧有个蟹眼天井，小巧精致，别有洞天。二〇〇九年厨房迁出后，这里用作小餐厅，屋子中间有大方桌一张，下面有口水井，完全明代原物，八角形的井箍下泛出波光盈盈，井水抽出后流入蟹眼天井，涓涓细流绵延不绝，五百年的井水就像昨天才从碧螺峰淌下的清泉，清冽爽口。此井

Chapter Three
Restoration

第 三 回
修　复

唤作"右逢缘",也是薛锡祥老师所取,与东楼厅后面的古井"左逢源"形成"左右逢源"。

沿着一墙的明代老砖往北走,你会抬头看见"更楼"两字。这个老更楼没有任何改变,一把陡直的梯子引你来到二楼,斗大的地方,西、南两面墙上各有一个小墙洞,是以前打更人的瞭望窗口,似乎还能听到一长三短的鼓点"咚-咚咚咚"催你回家:"寒潮来临,关灯关门!天干物燥,小心火烛!"更楼现在被用作为仓库。

▲修复后的院子西侧

▶修复后的院子

五百年王者兴
GREAT AGAIN IN 500 YEARS

Chapter Three
Restoration

第 三 回
修　复

修复故事 /

古戏台

▲ 曾位于院子中心，仅留存了七个月的四角亭

走进会老堂，首先吸引你眼球的定然是院子里那座精美的"古戏台"。

会老堂戏台的位置，是原本门厅的位置。

门厅损毁很早，初期整理院子的时候，地上的老青砖还在，虽然已经碎不成形，但仍然可以看到当年的建筑格局。在收回西厢房制定第二期整体修复方案的过程中，吴中区文管局杨斌全局长、太湖古建筑设计院邹健康工程师和我一同研讨，究竟是恢复原有建筑，还是在院子里用一个其它建筑取代。

大家一致认为，会老堂空地面积不多，恢复原有建筑会造成无处留白的感觉，不如在原有地基上建一个小巧精致的仿古戏台，优点是可以给这个院子增加一个亮点，缺点是投入费用比较高。因为在一期修复过程中，我按照自己个人小心思在这个位置建了一个四角亭。现在需要拆掉四脚亭，再建古戏台，这一拆一建投资成本倍增。

为了找到一个可资参考的样板，我利用摄影采风的机会，访遍周边百余里地，都没找到一座体量合适、品位相应的戏台。偶然听说浙江宁海一带留存下的古戏台颇多时，我立即前往宁海乡间采风。真是功夫不负有心人，最后终于找到一座符合会老堂院子大小的明朝老戏台，这才有了建造如今这座戏台所必需的相关技术数据，我们这个戏台只是在老戏台的基础上缩小了七十厘米。

戏台建造前后经历半年多时间，从前期的花版雕刻、中间的几次拆搭定样，到后来的油漆彩绘，每一个工序步步紧扣，来不得半点马虎。

Chapter Three
Restoration

第 三 回
修　复

　　要说戏台设计的关键，其实就是演员头顶上的那个藻井。会老堂戏台的藻井共有五层，以八角型为框架辅以小龙做装饰，逐层而上，名为"五行八卦"藻井，寓意阴阳平衡。精心设计的藻井，缜密推算出的戏台体量，左侧水面使音效旷远，四周回廊让音效围拢，演员与观众之间极佳的距离，如今会老堂的戏台，无需借助任何扩音设备，听众便可欣赏到演员们最清澈纯净的绕梁佳音。而在一墙之外，却听不到院子里的任何声响。

　　这座戏台雕龙画凤，古风浓郁、音效纯正，当第一出戏在会老堂的"古戏台"上唱响，满堂的喝彩声既是送给功底深厚的演员，也是送给营造了古戏台的能工巧匠，更是送给这座绝处逢生的老宅。从这一刻起，江南雅韵——昆曲评弹便在会老堂扎下了根，成为了会老堂最负盛名的"文化雅宴"之一。

▲ 拆了四角亭建起的戏台

97

修 复 故 事 /

天井

我们这一代人,很多儿时的记忆都与天井有关:与小伙伴跳橡皮筋、踢毽子、画格子"造房子"等等游戏,都离不开那方小小的天井。

天井,是指汉民族宅院中房与房、房与墙之间围成的露天空地,一般面积较小,光线往往被高墙围挡,显得较暗,很像身处深井中的感觉,所以被形象地称为天井。

走进会老堂,细心的人会惊奇地发现,里面竟有大小五个天井。

最引人注目的,要数老楼厅三间正屋前的大天井,与三面庄严耸立的高墙合围而成。

严丝合缝的砖墙、墙上的缠枝纹饰砖雕、一地长满绿苔的人字形青砖、莲花木柱等等,这些明代建筑的典型构件,代表了这个建筑的菁华所在,也是太湖流域士大夫阶层在宅邸建造上匠心独运的最好体现。

在会老堂一期修复方案的制定阶段,这个与楼厅密不可分的天井,是保护中的重中之重,里面的任何一处古建构造,都要原封不动地保留,因为这些建筑细节,最能真实地还原会老堂建筑初期的本来面貌。

楼厅东西厢房后面各有一个采光通风良好的小天井,七八平米,里面有一口叫做"左逢源"的老井,井箍井圈都为原物,井水依然丰沛,打上来的井水基本用于洒水拖地之用。

与"左逢源"相对应的,还有一个叫做"右逢源"的水井,来会老堂的朋友都会好奇地去寻找它的踪影。"左右逢源"不仅是喷涌的源泉,也是会老堂送给每一个朋友的美好祝愿。

Chapter Three
Restoration

第 三 回
修 复

西厢房天井最美之处当属那一墙粉色的"蔷薇瀑布"。想当年,高墙深院中,每逢"人间四月天",才子佳人应该都会在这里演绎一出"惜春常怕花开早,何况落红无数"的《满庭芳》曲吧。

当然,在会老堂中最见江南文人巧思的,还要数"蟹眼天井",方寸之间尽显宰相别院的精巧与雅致。顾名思义,"蟹眼天井"就像太湖大闸蟹那小而灵活的双眼,在建筑上蟹眼天井确是一个极富创意的点睛之笔。在江南民居的封闭式建筑中,有它,既可通风采光又能泄水防火。

当一抹斜阳照进,因为天井,建筑有了灵魂,因为天井,生命有了源泉。

五百年王者兴
GREAT AGAIN IN 500 YEARS

100

Chapter Three
Restoration

第 三 回
修　复

五百年王者兴
GREAT AGAIN IN 500 YEARS

Chapter Three
Restoration

第 三 回
修 复

修 复 故 事 /

花窗

中国古建筑文化中，自古以来就融入了天人合一、崇尚自然的传统。古建筑中的窗，除了通风和采光功能之外，还起到了审美的功用。由此心思缜密的能工巧匠们，把一扇扇木窗格，用不同形状的细棂镶拼出各种花窗，图案花型层出不穷，有荷花、梅花、葵花、海棠、树叶及卧蚕、蝴蝶、龟背锦等植物和动物图案，有万字、亚字、回字、井字、十字、工字和轱辘线、冰裂纹、绳纹等几何与纹路图案，相互交错，组成了无数种寓意吉祥的图案样式。其中有一种规则的两寸方形或菱形做成的花窗，给人以古朴、庄重、深远的感觉，叫做"满天星"，也叫格子窗，明朝建筑的厅堂门窗中最为常用，它有一种别样的韵律之美。

会老堂两层楼厅的南侧，都是两寸见方格子的"满天星"长短花窗，它们让整个室内通透敞亮，采光和通风效果俱佳。而这个带有浪漫色彩的名字，却来自于当时木格花窗上镶夹着太湖中的蚌壳片，也叫云母片，这种窗户也叫明瓦或蠡窗。在楼厅修复之前，这些常年经受日晒雨淋的长短花窗，残损最严重，完全面目全非。而修复以后的这些格子花窗，恢复了原来的形制，虽然没有办法回到原来用蚌壳做成透光片的年代，缺少了阳光照射在贝壳上反射出的漫天星光，但花窗将中国建筑的美学作用依然发挥到了极致。在早晚不同的光影下，一年四季的春花雪月，透过这窗格后面的轻纱薄幔，投射到红木床上、梳妆台上、官帽椅上，光影婆娑，摇曳多情，千古佳话依然还在……

所幸的是，这种已经消失了的明瓦（蠡窗），在会老堂修复之前的残墙破窗上留下了斑斑印迹。那是西厢房高墙下的天井里，几扇东倒西歪长窗上，镶嵌着破碎的、灰不溜秋的白色蚌壳片，还有一些掉到了地上，我捡起了几块洗干净留作纪念。

难道蚌壳窗户就此消失了吗？一度让我觉得深深遗憾。二〇一七年与阮仪三先生小聚，他

Chapter Three
Restoration

第 三 回
修 复

送我一件小方盒子的礼物,打开一看就是这种明瓦的模板。阮先生非常高兴地告诉我,现在已经有人把云母片的工艺复活了,如果早一点有,你就可以用上了。后来,阮先生在他的《江南古典私家园林》一书中还提及了此事。

想当年,在这些刚刚做好的花窗上,那些被磨成薄薄的两寸见方的云母片,在阳光的照耀下,折射出斑驳陆离的光线,就像满天星辰洒落人地。由此,这些方方正正的窗格子就有了生命,如同唐宋的古典诗词一样,中国古建筑中的窗,似乎一下子变得多愁善感了。

唐代杜甫在《绝句》里说:"窗含西岭千秋雪",北宋王安石在《书湖阴先生壁》说:"两山排闼送青来",皆是写的因窗得景,诗人透过窗户,便欣赏到了大自然秀丽的风光,或潇洒疏朗,或玲珑秀巧,或透漏幽邃。此外,北宋的陈克讲"绿窗春梦轻",王安石又有"午窗残梦鸟相呼"之句,无论是轻梦,或是浓睡,都要凭借窗户,捕捉天籁,将自然界的种种微妙变化,融入人的意识,以铸就一个迷离幻妙的梦境。如今,当你走进会老堂的廊轩亭台,那里不再是梦,是充盈着文人士大夫生活的淡雅和恬然,在翩翩袅袅的南韵吴曲中,你总能回归中国人真正的家园,更寻得一片心灵的栖息之地。

五百年王者兴
GREAT AGAIN IN 500 YEARS

Chapter Three
Restoration

第 三 回
修　复

▼ 西厢房泪窗上的明瓦。

▶ 西厢房修复前后。

修 复 故 事 /

西厢房

一说到西厢房，很多人都会第一个想到元代杂剧作家王实甫的《西厢记》，或许还会想到唐代元稹写的《明月三五夜》中的诗句，"待月西厢下，迎风户半开。拂墙花影动，疑是玉人来"。

西厢房，就是明清时期中国大户人家对家眷楼的称呼。从传统建筑结构来说，西厢房的地势要比东厢房略低，东厢房的比正北屋要略低，因为东厢房是公子住的，北屋是老爷住的，西厢房一般都是小姐住的，而家丁佣人都住在最南边，地势最低，以显示家庭地位的不同。

会老堂的西厢房在一八八〇年被周姓人家买走，与主楼一分为二。民国时期，周家男主人在上海从事银行买办，生下三个儿子，各自分家，原本不大的西厢房被一隔为三，内部结构凌乱局促，改革开放以后，周家后人陆续离开东山，留下了几间空房。

二〇〇五年，我在上海宝山的宝冶集团家属楼，找到了当年被称为"关门周家"后人的长孙女——周竟。已经七十多岁的周婆婆说，因为她的父辈常年在上海从事银行会计，家中只有女眷留守，为防闲言碎语，家里大门常年关闭，才有了"关门周家"的名声，这似乎也成全了小姐楼的美称。她还说自己的"好婆"（奶奶）有一手好女红，绣工非常出色，她的绣品卖价总是高于别家，当年就是靠着好婆描画刺绣的好手艺，积攒了足够的银两，送父亲走出东山，后来在上海发家，才有了她们一家的现在。只是现在自己的三个孩子，没有一个喜欢老房子的，看到祖辈的心血这样一天天破败下去，才舍得忍痛割爱转让予我。

后来，我又分别找到周家老二、老三的后人，几次交涉，终于在二〇〇五年秋季买下的西厢房。在西厢房与会老堂主体建筑分离一百二十五年后，能够在我手中得以回归，深感安慰。

经邹工勘测，西厢房与已经修复的东楼厅是同一年代的建筑，位于同一水平线上，一东一

Chapter Three
Restoration

第 三 回
修　复

西，二楼中间有一老砖门可以互相连通。从新旧程度上看，西厢房在周家买去以后，做过维修，二楼屋面望砖重新铺过，具有清朝砖料的印记，相对较新。除了裸露在外的木构件损毁严重外，屋面漏雨不严重，柱子也没有腐烂。唯独南屋前面搭建了几处小房子，都是民国时期建筑，结构凌乱，予以拆除，才恢复了原来的模样。

最值得庆幸的是，在二〇一八年枇杷季节，原来西厢房主人周竟的儿子周星，从西安回到东山探亲，想圆一个三十年的梦。因为，西厢房曾是他的结婚新房。当他回到儿时的老家，看到样貌依旧的老宅，无比感慨，如今带着孙儿，还能住在阔别三十年的新婚房间里，夫妇两人都说恍若穿越了回去。

我想，这就是老家的意义，老宅在，家就在，心就安！

五百年王者兴
GREAT AGAIN IN 500 YEARS

Chapter Three
Restoration

第 三 回
修　复

五百年王者兴
GREAT AGAIN IN 500 YEARS

第四回 Chapter Four

傳家

Heritage

中国古人的精致生活不仅造园筑屋、叠山理水，还要有心思为自己设计喜欢的家具。我用三年时间抢救了老宅，也用三年时间修复了这些老家具，这样的日子就像每天生活在博物馆里。

老家具

在我的童年时代，老家具尚未完全退出历史舞台。当我第一次踏进会老堂破旧的屋宇时，厚厚灰尘下面的老床、八仙桌、旧藤椅似乎都那么熟悉，一下子将我拉回到儿时的场景：6岁那年酷暑，母亲坐在四面围屏的雕花大床里，摇着手中的蒲扇，给我和妹妹不停地扇风，她自己已经累得眼睛都睁不开了，摇着摇着就吧嗒一下扇子掉在了床上……

马未都先生曾开宗明义地指出，家具作为一种证物，能够真实地诉说其文化背景、描述成因，而文明形成的过程也正是依照这些存世的证物，方能标定坐标、绘成进程图表。的确，人类的情感和记忆需要有一定的附着与寄托。

二〇〇四年春节刚过，一期工程即将开始，需要清空会老堂里的所有东西，除了客堂里面那几口大缸，最主要的就是家具。我请三公公的大儿子永福帮忙，找来村上几位壮劳力，将会老堂里面的所有家具搬出来，依次排放在院子里，以便我一一给它们拍照。然后动用了邻居家的板车，将这些断了腿的、残破不全的、没了凳面的各式家具，一车车拉到太湖边的停车场，装上卡车，运送到一百二十公里之外的上海吴中路上，那里有一位专门肯为我这些旧家具做修复的浙江东阳师傅。

会老堂这些杂乱的家具，一装就是两卡车。当家具厂拿到这些旧货时，我马上赶过去与他们一一核对，清点数量，并将照片让木工师傅过目，以便修复前后对照为证。这一修就是半年，其间我会抽空去看看他们的修复过程，并一再强调修旧如旧。

会老堂修复工程进展到一半，我向陆巷村村委会陈根生书记汇报修复进展。他提起一事：因几个自然村合并为一个行政村，原来白沙村老村办里的旧家具无处可放，都存放在惠和堂的东备弄仓库里，影响了房子的正常使用，如果会老堂修复后需要老家具，他建议我把仓库里的

Chapter Four
Heritage

第四回
传　家

旧家具全部买下，也省得村委会操心。我跟随管仓库的师傅来到惠和堂，看着一屋子老家具，大部分都是清代的，与我心里预估的有点差距，但品相还可以，觉得会老堂修复以后，确实需要这些本地家具与之匹配，我就没有犹豫，爽快掏钱。还是老办法，运到上海修复，我一一拍照登记，与木工师傅核对数量，并根据品相提出修复意见和要求。

二〇〇五年，我买下了当时周家的西厢房，虽然人去楼空十多年，但老大周竞的父亲因早年在上海洋行工作，家底比较富有，结婚时置办的老家具至今保存较好，民国时期的痕迹清晰可见。我提出买下房子的同时再买下房子里的老家具，只是希望这些原本属于这里的老家具，修复后依然回到这里，让周家的后人回来有个念想。这些老家具一修又是半年。

家具与人是有缘份的，缘来则聚，缘去则散。

在我梳理三次老家具的修复过程后，发现有一个非常明显的时间脉络和延续。会老堂的老家具将我从明朝带入清朝，白沙村的那一仓库老家具将我从清朝带到民国，周竞家的这一房家具让我在二二十年代的十里洋场中驻足。这真是神奇的时间魔方，从圆润简洁的线条，到复杂华丽的纹饰，再到中西合璧的造型，用料、匠艺、气韵完全不同。这是一本最好的历史教科书，在会老堂留存和收集的老家具上面，发现流传有序的中国文化一直不曾走远。

现在这些家具分布在会老堂的各个空间里，一直有人使用，完全符合我一直强调"有用就是真理"的实用主义原则。古董也好、老家具也好、老物件也好，并不是束之高阁被人仰望就是好的收藏，我觉得老家具作为我们日常生活的陪伴，让我们每个人可以时时触摸，感知温度，让祖辈留下的宝贝为我们的生活增添美好，才是最好的收藏。

两代媳妇一套沙发

这套沙发跨越了四代人,它是太婆婆和我两代媳妇之间,相隔将近一个世纪的故事。

八九十年前,有这么一位媳妇,从陆巷寒谷渡的渡口出发,带着一船的陪嫁,从苏州东山嫁到了十里洋场的上海。小船上有这么一套沙发,陪她进入了夫家。

上世纪二三十年代,素有"远东巴黎"的上海,随着西风东进,人们从穿衣打扮到居家摆设,都追求时尚摩登,与欧洲接轨。

小镇媳妇变成了魔都嫂嫂,看着满世界的洋货,自己陪嫁的这套沙发不免有点土气,尤其是土布的坐垫,里面没有弹簧,坐上去硬邦邦的,实在没有牛皮沙发来得舒服。嫂嫂觉得请客人坐在这样的沙发上,是会被人看不起的。于是她毫不犹豫地找了艘小船,把这套沙发运回了娘家——会老堂。

Chapter Four
Heritage

第 四 回
传　家

　　八十多年以后，我这位王家的媳妇，从魔都上海来到苏州东山，走进这个当年新婶婶的娘家"会老堂"，面对积满灰尘的旧家具，一一梳理。其中就有这件旧沙发，藤面已经完全断裂，坐垫上的深色土布面目全非，一碰就成碎片。但是，坚固的木制框架，背椅中间完好的雕花，让我眼前一亮。

　　修复中，拆下旧藤穿进新藤，坐垫上加入弹簧片、塞进海绵、换上沙发布，扶手和框架打上一层蜡，摇身一变，一套光泽温润、典雅时尚的老沙发就这样登堂入室了，而且正符合时下流行的布艺与木质的混搭潮流。这套沙发在会老堂一直赢得很多青睐的目光。

　　当时修复这套沙发的时候，因有个熟客喜欢，家具厂还悄悄地仿制了两套，其中一套也保留在会老堂。

117

架子床

现在安置于楼厅东屋"宰相房"的门围架子床,是一直留存于会老堂的明代旧物件。榉木框架中镶嵌红木云纹漏雕花片,用材粗大,浑圆结实,实用性和装饰性兼具的两只抽屉,也用红酸枝材料,与榉木框架自然木纹相辅相成,精气神兼具。

当年送到上海维修时,几乎没发现大的残缺,只是床板上的老棕绷已经年久松弛,在修复过程中彻底拆了旧棕绳穿上新棕绳,再铺上厚厚的鹅绒垫褥,一张透气舒适的软床,完全不输给几万元买来的进口席梦思床垫。

这些年,这张架子床一直作为"宰相房"卧具使用,常年有人擦拭,一尘不染,木纹的颜色更加透出诱人的光泽。

王世襄先生在一九八〇年实地考察东山老家具以后写到:"榉木是当地生产的上等家具材料,过去太湖一带多合抱大树,本世纪初才被砍伐殆尽。这里用榉木做家具,乃就地取材,故理应多于用硬木制成的家具。"由此可见,明清之间东山榉木大树林立,洞庭东山成为苏作家具的主要产地,多出能工巧匠,但再多的大树也经不起接二连三地砍伐,现在洞庭山上所剩无几的几棵榉木大树,都要用围栏严加保护成了文物。

我刚刚开始接触东山老家具的时候,发现本地明式家具品相较好的几乎都用榉木材料,在外来人眼中比较金贵的红酸枝等硬木,反倒成了这些苏作家具的配饰。经过了解,榉木材料出自于东山本地,是当地人眼中最好的木料,比如这张架子床,六根立柱、上下挂落、床顶、床架都是榉木用料,可见当时东山榉木盛极一时。

Chapter Four
Heritage

第 四 回
传 家

▲ "宰相房"中的明代架子床

五百年王者兴
GREAT AGAIN IN 500 YEARS

Chapter Four
Heritage

第 四 回
传　　家

雕花床

会老堂的这张老雕花红木床,是清朝中期的产物。那个时代东南亚的上等硬木大量进口中国,酸枝木因其硬度适中、结构细密耐腐蚀,容易雕刻,不仅是达官贵人定制家具的首选,还受到工匠的钟爱。

整个床架三面花片基本完好,修复前,左前侧围板上狮子头有一块木片掉了,碎片放在抽屉里,修复过程中将碎片粘上,几乎看不出痕迹。

红木雕花床的诱人之处在于精湛繁浩的雕工,重点集中在前面的门围部分,一共分为左右门围各一块、上门围一块、床顶华盖一块,四大块透雕花片,图案饱满立体,纹饰华贵,线条丰富,有人物、动物、花鸟、植物等,寓意"马上封侯""加官晋级""吉祥寿狮""多子多福"和"福禄寿禧"等美好愿望。这些年这张大床作为"翰林房"中的卧具使用,保养呵护有加,木质包浆熠熠生辉,特别惹人喜爱。

国务院原副总理李岚清先生也是南方人士,他退休以后曾到会老堂参观,对着这张大床的雕花图案,掏出口袋里面的小相机一一拍了下来,并说"雕刻工艺好、用料好"。李岚清先生不愧是中国传统文化根植一生的老文化人,他个人痴迷篆刻艺术,所以看得格外仔细认真。

面条柜

这种上窄下宽、呈A字形的柜子，苏州人俗称"大小头"，学名叫"面条柜"，是江南地区重要的储物家具。南方多雨潮湿，东山人将放在底楼的柜子，再增加一个十二厘米高度的四脚几座来承垫，起到防潮隔湿的作用，细节上处处用心。

面条柜看起来简约舒展，但每一个细节都值得细细品味，其结构设计十分经典，造型大方，比例适度，轮廓简练，柜门利用物理上重心偏离的原理，可以自动关闭，因榫卯精密坚固耐用，在苏州地区留存较多。

会老堂的老家具中，就有几顶这样的柜子，中等尺寸，颜色朱黑，表面带细裂纹，年轮痕迹一览无余。这种高长型的柜子体量大，大开门的样式，里面放置餐具、被褥、书籍等啥都合适，用来最是得心应手。

其中有一件柜面上贴了两幅仕女图，当年送回上海整修中，我一再强调保留这两张仕女画，千万别洗掉。有一位对中国出版物颇有研究的客人，来会老堂看到这两幅画，指着淡淡的白描线条说，这是清朝光绪年间创办于上海的《飞影阁画报》，主要出版人物肖像画为主。该画报由当时吴县（现在的吴中区）人士吴友如在一八九○年独立创办，因他本人善画人物肖像，所以在短短四年中，仕女图是这本画报的一大特色。如今，由这柜子上一左、右两位美女牵扯出《飞影阁画报》的历史，让我对晚清中国出版历史了解了一点皮毛，很是欣慰。

老友周纪文先生在二十多年前就喜欢收集苏州老家具，在东、西两山收集了几十顶这样的柜子，形制大小不一，因为大多来自于宦官家庭存放书帙杂物，所以他把这一类家具称作"文人家具"，倒是非常贴切。

天然几

"天然几"三个字,是在我二〇〇四年收拾会老堂这些破旧家具时第一次听本地人叫的名词。我一直不解,这种两头有飞角的翘头案为何叫"天然几",找了好几位东山本地收集老家具的人咨询,均无答案。对中西方历史颇有研究的利维小弟,一次与我在会老堂谈起"天然几"这个名词,他琢磨后说,吴语中"天然"和"天禅"有完全一样的读音,会不会就是"天禅几"?我听后大为赞同,因为后者的叫法更加贴切这款长几的功能。

走进东、西两山生活优渥的普通家庭中,天然几都有一个固定的摆设:在客厅中间贴墙面门而置,上摆花瓶、太湖石、闹钟等,前面贴着八仙桌和太师椅。而在苏州庭院中,这些翘头案的摆放更具文人气息,常常安置在书房、回廊、茶屋雅室里,上设文房书牍等。

这件置于会老堂楼厅的天然几是我收集的众家具中的一个大件。清中后期作品,长二点九米,高九十厘米,宽五十厘米,翘头高度十厘米,榉木全材,可拆卸式,案面独板六点五厘米厚,

案面下方四周由十厘米的牙条承托。牙条正面有暗八仙满浮雕花纹，牙条在案腿连接处整板延伸出一对宽五十八厘米、高三十厘米的大如意花板，上刻精美花瓶图案，与牙条上的浮雕暗八仙巧妙连结，有匠心独具的气息，又不失沉稳儒雅的含蓄。十一厘米厚的案腿正面，双勾线条包围四边，中间是一幅蝙蝠叼双鱼的浮雕图案，形态逼真线条传神，与案面左右两个小翘头的细线条相对衬。整个案几从正面看去，处处是美景，寸寸惹人爱。从侧面看去，在左右粗壮的案腿中间，有一朵巨大的灵芝双面透雕张开着，高四十二厘米、宽三十五厘米，使整个案几的灵动气息从正面流转至侧面，令人心生欢喜，瑞祥之气油然而生。

  这张大气婉约的天然长几，是苏州匠人艺术造旨的一大体现，形制上大而不笨，壮而不粗，用材上宁缺毋滥，独板整料，找不出一条拼缝。如此规格的尺寸，其木材唯有合抱大树才能成就，可见王世襄先生所说的东山在二十一世纪初榉木大树被砍伐殆尽，确是不争的事实。

春凳

春凳这个名称，带有我很多儿时的记忆。

我出生在嘉定黄渡，父亲常年在部队服役，我们三姐妹是妈妈一人带大的。她是一位守旧的贤良媳妇，家规甚严，自己也从不越雷池半步，万事公婆小叔在先。有一次，爷爷说我们三个孩子大了，人多挤在一块吃饭不方便，意思要分开吃饭，母亲二话不说，把八仙桌留给了爷爷奶奶和小叔叔三人，我们母女四人的餐桌就是一条旧春凳，矮矮的小板凳成了我们的餐椅。夏天吃了晚饭母亲把春凳擦拭干净，搬到室外，又是乘凉的好搭档。我们总是抢着占有春凳，可躺可坐，舒服极了，我那五六岁的小妹妹常常就睡在春凳上，一直到母亲把熟睡中的她抱回床上。

可见春凳比起一般的长凳要宽好多，常规有三十五厘米宽，长度在一米一到一米三，高度五十厘米左右。我小时候看到邻居家女儿出嫁，就把新被褥绑在春凳上，上面贴上大红喜字，由两位娘家人抬着送到夫君家。也说因为春凳轻巧，春天来临时，移置户外，也就有了这个名称。我觉得农耕社会时期，春凳不仅是一张凳子，有时就像一张小床，是小小孩子睡觉的好地方，有时也是一张轻便的长桌，室内室外移动轻松方便，上面晾晒一些东西也是常事。

会老堂有春凳一对，二〇〇五年从周家买入，与一对衣橱配套。周家外孙女周红从小生活在这里，她回忆说这是外公一九三〇年左右结婚时从当地人家买的，两只柜子和两把春凳是一套的，卖出人家告知这是清末时期的制品。这是周家所有家具中用料最好的一套家具，上好的榉木材质，木纹明丽，工艺精美，从抽屉的面板拼接处就能看出当时工匠的用心，柜子门内有暗格小屉，可以珍藏名贵首饰，柜底小抽屉的南瓜型拉手，用红木做点缀，与榉木浅棕色的金线相得益彰，俏皮可爱。

Chapter Four
Heritage

第 四 回
传　家

▲ 一对清末的春凳

127

五百年王者兴
GREAT AGAIN IN 500 YEARS

128

Chapter Four
Heritage

第 四 回
传　家

提篮

我极为钟爱这把提篮，与修复过程的一波三折有关。

这把竹编提篮二〇〇四年从会老堂的旧物中发现，一见就让我爱不释手。底部落款庚午年，也就是一八七〇年的同治九年，已有一百四十多年的历史。直径四十厘米，高度八十厘米，内有两层。三根竹刻手柄雕工精美，纹饰华丽，黄铜配件包裹两头，刚柔相济，贵气逼人，侧面写着行书"汝南蓝记"，盖子上用竹子编出的正方形图案内"慎德草庐"四个字大气婉约，但可惜"慎"字被老鼠啃咬了一半，露出了里面的木芯底。

我拿着这个盖子，来到浙江安吉，寻找竹编高手，一路辛苦一无所获，一是花型难补，二是材料无法找到，三是老竹编师傅奇缺；后来又将旧盖子交给浙江东阳师傅，也是无功而返，五六年中我一直为这个提篮的修复无望而感伤

有一天我带着旧盖子回到东山，到"苏作民间家具厂"订做家具，与厂长黄立军聊到这个经历，甚是惋惜传统工艺的流失。黄厂长很是热心，从我车里拿出旧盖子，建议我考虑用木雕饰品来弥补这块残片。经他一提醒，真似醍醐灌顶，我这么多年苦苦寻找的修复方案，怎么就没想到木雕呢，其实竹木结合工艺古来有之。我与黄厂长一致决定用木刻寿桃来覆盖破损部位，没过多久，一只玲珑的寿桃点缀于这个精美的盖子上，完美无缺，不仅修复了一个多世纪的老竹篮，也修复了我多年的心头之痛。

后来这个提篮在会老堂几次纪录片拍摄中，都闪亮登场，里面装上著名的苏式糕点，在圆台面上一转，打开提篮盖子的瞬间，大家一片惊呼，被提篮里各色美味牢牢地锁住眼睛。

契书

二〇〇五年，在西厢房的更楼里发现了这个破旧的小皮盒，里面有两份泛黄的纸张让我眼前一亮。

一份是道光二十二年即一八四二年的分家合约，封面是"禄字合约议单"，里面写着五个兄弟姐妹分别是庆、琴、春、梦、云，各自分得房屋若干间，合约最后写着"福禄寿财喜一样五纸各执一纸存照"。"福禄寿财喜"正好与"庆琴春梦云"五兄妹名字里的一个字相配，这个"禄字合约议单"应该是老二"琴"的合约，如此一想这么文雅的合约落款，比起我们现在的"此合同一式五份，甲乙丙丁戊各执一份"，是多么文雅的用词啊！

另一份落款时间为咸丰五年（一八五五年）的立嗣合约，封面只有半个字体，也就是说此合约一式两份，需要两份文书封面合在一起，字体才会完整，合约才会生效。内容大概是三伯父早逝膝下无子，大伯父生有五子，将其中叫做"茂溽"的孩子作为三伯母的子嗣，让三伯母颐养天年享桑榆之乐，并享有三伯父所有继承权。

这两份文书间隔十三年，起草人为同一人，名叫"济川"，他用优美的小楷行书写就，合同语言简练雅致，比我们现在电脑打印出来生硬的公文语言更加有血有肉。我看着这些一百六七十年前的家常文书资料，似乎能从这些古老的纸张里，找到与这个建筑无法分割的符号，这是我们祖辈繁衍生息的见证，也是中国无数家庭的缩影。

Chapter Four
Heritage

第 四 回
传　家

▲ 一份清代道光年间的分家合约

五百年王者兴
GREAT AGAIN IN 500 YEARS

老物件 | 下面这些老家什，是在清理会老堂老楼厅和西厢房时，从各个犄角旮旯里翻出来的小物件。当时很多已经破旧不堪，众人都说要的何用？但我没有舍得丢掉，经过一番整修，它们现在成了我经常把玩的小玩意，看着心里就踏实。

Chapter Four
Heritage

第 四 回
传　家

茶水桶

　　这只椭圆形的双耳木桶,叫做"茶水桶",以前农耕社会喝水都是用大碗的,夏季自然一家人每天需要这样一大桶"凉茶"。早上烧了一大锅热水,舀到这个木桶里,随时取用。我一直很偏爱这个造型,就像农村少妇健康丰满的体形,特别是木桶凹进去的曲线在收口处向外翻卷,饱满含蓄,简练舒展,恰到好处。

五百年王者兴
GREAT AGAIN IN 500 YEARS

子孙桶

　　这个小木桶具有特别的寓意。本地姑娘出嫁，细心的母亲会在女儿的嫁妆中放进这个小木桶，在没有出现抽水马桶的年代，它就是小孩子的尿盆，半夜三更孩子嚷着尿尿，就在床边随手一拿，用起来很是便利。因此寓意多子多孙，家族兴盛，也叫"子孙桶"，想必是苏州人的巧心思，让生活多一抹红色，添一分吉祥。

水果盆

  这些红色木盆,有大中小三种规格,老东山人敬畏天地神灵,每到农历新年,他们就用这些盆子,装上各色水果糕点,用来祭拜天地,祈求来年风调雨顺,瓜果飘香,同时它们也是佛堂供案上,放置水果的用具。这一大摞盆子由于年久日长,油漆斑驳脱落,包圈的竹边已经有好几个与木盆分离。

饭桶

这个带槽口盖子的小桶,石鼓形的造型两头小中间大,人称"饭桶",以前大铁锅烧饭,一烧就是一大锅,中午烧的饭晚上吃,就盛在这个小木桶里。我小时候常常看到奶奶把这种木桶安置在柜顶上,里面是存放干货和糕点的。

Chapter Four
Heritage

第 四 回
传　家

洗碗盆

　　椭圆形小木盆，盆面上架有一块镂空的木雕花片，一边高一边低，可以抽走也可以活动。我曾用它作为洗菜盆拍摄美食节目，实用而出彩。后来在参观雕花楼的老厨房时，发现了它的确切名称叫"洗碗盆"，这才知道东山富庶人家的厨房里，盆盆罐罐不少，这是洗碗专用盆，洗好的碗倒扣在镂空花片上晾干，这比我们现在不锈钢和塑料凉碗架，不知考究多少呢！

水瓢

　　水瓢大抵上是过去人生活当中使用最频繁的物件了。汰菜淘米，汲水洗衣，揩面洗澡，但凡是和水搭界的都少不了它的踪影。在那个还没有自来水的年代，家家户户往往都备有大水缸，井里打上来的水盛在缸里。待到用水时，各式各样的水瓢便派上了用场。

书箱（百宝箱）

上至宫廷下至百姓，旧时文人身旁总少不了书箱的踪影。文房四宝、良书益卷、异玩珍宝都可以有条不紊地打包进书箱里，跟随主人周游各地。会老堂的这只书箱是在修复西厢房时找到的，红木所制、提手有黄铜片固定，顶上配有精致铜锁，做工精良。

Chapter Five
Taste

第 五 回
味 道

第五回 Chapter Five

味道

Taste

会老堂修复以后,重大的文化活动似乎都与吃有关,这是我不曾预料到的,但也在情理之中。明代文人"以文治生",士大夫以品尝美食宣扬"真乐"人生,以吃联谊,在追求人和自然的和谐中满足口腹之欲,从"养生"发展到"尊生"。

生活在明朝

二〇〇七年枇杷季节,苏州市外办安排德国前总理施罗德参观修复不久的会老堂,在楼厅的二楼处留下了这张照片。当时前呼后拥来了几十位陪同人员,还有一级保卫人员,前期安保检查工作甚是严密。之后会老堂的这个楼厅,又接待过好几位国家领导人。

看到照片,我在想当年王鏊官居一品,进进出出也该是这副阵势嘛!王老爷子告老还乡之后,这个大厅是鸿儒汇集之处,他召集六位本地退休的三品以上大员,在这里定期组织"老干部活动",成立了"六老社","会老堂"堂号也因此而来。

苏式宅院一般依据"长幼有序、内外有别"的原则,在纵轴线以门厅、大厅、楼厅、东西厢房、后花园等组成,用天井相隔。会老堂修复以后,保留了原有的大厅、西厢房、更楼和五个大小不等的老天井,在大厅遗址上修建了古戏台,与四面回廊相衔接,形成了一个三百多平米的前院,成为现在会老堂最大的公共空间和活动中心。

从前,楼厅是一个大家族中最为活色生香的场所。逢年过节、婚嫁迎娶、拜堂祝寿,都要在大客厅里热闹排场一番。遇到家族重大活动,打开底楼隔断屏门,前后天井豁然开朗,大宅气息堂堂皇皇。

会老堂的东楼厅,上下两层建筑,它是会老堂主体建筑中明代元素保存最为完好的部分,历经四百八十余年历史打磨,老青砖、老地板、老照墙和老门槛,留存着祖先生活的清晰印记。

修复前,二楼原本被隔开为三间,修复中卸下了隔断裙板,整个大厅完整地呈现在我眼前,磅礴大气,宽敞明亮,明代建筑的精华都一一触手可及,从这些粗壮的梁柱中,真正感受到明代建筑的精美绝伦。

Chapter Five
Taste

第 五 回
味　道

▶ 二〇〇七年五月，德国总理施罗德先生到访会老堂。

戏台修建一波三折。第一期抢修会老堂的时候，曾按照我个人意愿，在戏台位置建了一个四角亭。在收回西厢房以后，四角亭在院子中间破坏了整体美观，经邹工建议、文管局领导同意，拆除四角亭，增设一个古戏台，以达到与会老堂整体建筑相互映衬。现在戏台和院子成了会老堂的一大亮点。

二〇〇六年十月十四日，我们在这里为会老堂成功修复举行了隆重的庆祝仪式，一百二十多位嘉宾前来祝贺，修复后的老宅第一次迎来欢庆热闹的场面。从此以后，明代文人士大夫的审美生活在会老堂重现。

二〇一三年五月，在祝君波先生的倡导下，会老堂举办了"王鏊诗词鉴赏"春茗雅集，一百来人济济一堂，群贤毕至，有上海文化名人林华、于其多、沈嘉禄、著名朗诵艺术家过传忠、苏州前文联主席范培松、苏州大学陈国安教授等，在王鏊的祖屋里，大家品茗、游园、咏诗、挥毫、拨弦、弹曲，一起品读王鏊的诗词，身临其境地感受到王宰相笔下的湖光山色。那年的碧螺春茶特别好喝。

二〇一五年初夏，为期一个月的《宴遇中国》纪录片在会老堂拍摄，场景宏大。苏沪多位专家名人云集会老堂，沈嘉禄先生邀请苏州美食家协会华永根主席、蒋洪副主席和我一起共同研究，创作了以时令枇杷为主题的花果雅宴食单，有苏州地区十一位著名厨师烹饪出一桌枇杷雅宴，邀请著名古建筑保护专家阮仪三先生、著名篆刻家陆康先生、上海评弹团高博文团长、上海大学胡建君教授等，一同品尝这桌美食。胡建君教授才思泉涌，在餐桌上即兴填词《宴瑶池》，高团长当场用苏州话来吟咏，陆康先生当即挥毫，一幅江南夜宴图在明代宰相的楼厅里缓缓展开。阮仪三先生两天后给我发来了一篇长长的美文，详细描写了这次雅宴的过程和菜谱，

盛赞苏式文人生活是他儿时美好的回忆,并发表在《苏州日报》上(详见《缘聚》一章)。现在,会老堂的"枇杷宴"成了每年春末时节最吸引人的一桌佳肴。

二〇一六年端午节前,中央电视台《味道》栏目来会老堂拍摄了"家宴"节目。主题是,我作为苏州商帮的后人,在修复了祖宅以后,如何将苏州传统中的美食文化体现在日常生活中。拍摄中我与女儿天绮和两位妹妹在院子里一起其乐融融包粽子的场景,最是让我难忘,节目播出后也大受好评。

会老堂修复以后,重大的文化活动似乎都与吃有关,这是我不曾预料到的,但也在情理之中。明代文人"以文治生",士大夫以品尝美食宣扬"真乐"人生,以吃联谊,在追求人和自然的和谐中满足口腹之欲,从"养生"发展到"尊生"。也许这些五百年前的文化因子在这个院子里留下了深刻的烙印,当年王鏊六十大寿与唐寅、祝枝山等人一起吟诗作跋、共赏秘藏、举杯开怀的场面,至今都影响着会老堂,也无形中影响着我的审美取向。

会老堂的美食文化在一步步推向高点,与游园、踏青、品茶、抄经等活动一起,赢得了很多同道人的喜爱,我们的特色菜品为无数食客增添了生活乐趣。

Chapter Five
Taste

第 五 回
味　道

五百年王者兴
GREAT AGAIN IN 500 YEARS

宰相府传菜

会老堂这十多年来吸引了许多文人雅士前来休憩雅玩,大家都说这是一种"回家的安稳",其中我们的一桌家宴,更是引得各路食客纷至沓来,让身处繁华都市的人儿,抖落一身的疲惫,回到儿时的八仙桌上,吃一口真正家乡的味道。

Chapter Five
Taste

第 五 回
味　道

锅烧太湖野鳗

这道菜是会老堂老客人的最爱，很多食客都会冲着这道菜一再回头。这是会老堂餐桌上百吃不厌的地道本帮菜，一口下去，一股甜蜜软糯的感觉从口腔融贯到全身，入口即化的口感，来自于地道太湖野生鳗鱼的肉质，肥美而有弹性，大厨齐师傅用了整整三年时间研究火候，才修成正果，才有了今日得到所有客人的交口称赞。

有人一口气吃过八块锅烧鳗鱼，创本道菜吃货纪录。

翠玉金堂鱼脯

　　这是我从日本怀石料理中吸取精华,独创的一道太湖美食。用三两左右的太湖塘鲤鱼,去皮、去骨,放入调料蒸好,用高汤熬制南瓜作为汤底,放入熟冬瓜饼,再把烧制好的塘鲤鱼码到冬瓜上,放入盏型碗,上屉蒸热,上桌时加上两片香菜叶。这道菜似乎是太湖日落时一弯金色的波浪上,两条雪白的鱼在翻滚,煞是好看。

Chapter Five
Taste

第 五 回
味 道

塘鲤鱼二吃

春天吃塘鲤鱼,那叫最应季,正是肉质最肥美的时候,选二两左右的个儿,与太湖里刚刚摘下来的新鲜莼菜一起烧汤,炖出牛奶般的汤色,鲜美的鱼肉和滑溜的莼菜,入口有种鱼在口中穿梭的鲜活感觉。

塘鲤鱼炖蛋,器皿很重要。选鱼更不要大,配上水滴型带盖的小碗,整条鱼肉被金色鸡蛋包裹其中,美味美器相得益彰。

五百年王者兴
GREAT AGAIN IN 500 YEARS

Chapter Five
Taste

第 五 回
味　道

早春四头

苏州不仅是园林的天堂,也是美食的天堂,"不时不食,过时不食",苏州人对吃的要求两字"新鲜",也是这些年我对会老堂餐饮始终坚持的原则,要让我们的客人每次都品尝到最时令、最正宗的太湖美食。那么会老堂春季的餐桌上都吃些什么呢?

三月,万物复苏,花草始长,一夜春风,催得满树桃梨争相绽放。

春天苏醒的不仅是花草,还有我们的味蕾。

此时洞庭山特有的野菜已经冒出脆嫩的新芽,人们纷纷采摘上桌,鹅纹头、马兰头、香椿头、草头(金花菜),我将其称为"早春四头",惹得我们的餐桌也是春色一片。

生活在江南的人对后面三个野菜都不陌生,只有鹅纹头很多人听也没有听到过,更不要说吃了,这是一道只有东山人会吃的野菜,根茎长在泥土上,长不过十来公分,用手掐下头上嫩叶,翠绿当中带点暗红,洗净加蒜泥清炒,爽口鲜嫩,比起草头来香味略欠而口感略胜。

马兰头是春天餐桌上的家常菜,清炒或凉拌香干,明目提神,带有春天的气息。只是我们的马兰头是村上的阿婆到山上挖来的,比超市买来的更有一种田野的草香味。这个季节也是我最喜欢上山的时节,自从有了会老堂,每年这个时候我都要亲自去挖马兰头。记得小时候不仅在家乡的田埂上挖马兰头,印象最深的是六岁那年跟着母亲探亲,来到位于安徽蚌埠空军机场父亲工作的地方,我也提着一个竹篮子,蹦蹦跳跳来到空军机场的跑道边,看着密密麻麻的马兰头,很专心地挖呀挖。突然冒出一位解放军叔叔站在我身边说:"小妹妹,你不可以跨过铁丝网到里面去啊!飞机起飞时会很危险的。"然而机场跑道两边的马兰头是我平生见过最多的一次,虽然那时只有六岁,至今那幅景象似乎就在眼前。

Chapter Five
Taste

第 五 回
味　道

鸡蛋炒香椿头，也是很多吃客对春天的一种念想。山上那么多香椿树，想吃的时候早点起床爬个山，摘上一把，回家打几个草鸡蛋炒一炒，是山里人最快捷的下饭菜。我们员工中有两位本地人，她们常常一早上山干活，回来的时候就带上一把，新鲜得可以嚼出春天的味道。

上海人爱吃的一道本帮菜"草头圈子"，在这里就变成了"草头蚌肉"。清明之前太湖里的河蚌肉最嫩滑，从渔民那里买来活蚌，挖出蚌肉在热水中一汆，与新鲜的草头同炒，黄色的蚌肉与碧绿的草头，让人食欲大增。

▲父母与周岁的我

◀十六岁从军的我

Chapter Five
Taste

第 五 回
味 道

▲ 2014 年夏，会老堂花园内留影

▶与女儿天绮在会老堂包粽子

粽子情深

对中国人而言,端午节吃粽子,是为了纪念两千多年前一位孤独而伟大的民族诗人屈原。

对我来说,包粽子、吃粽子不仅是舌尖上的美味,更是一段温馨而难以割舍的记忆。

自小,母亲对我家教极为严格,她做事利索,样样在行。自我六七岁懂事之后起,她就时时把我带在身边,处处言传身教。一早起来洗衣服、洗被子;放学以后,割草喂兔、养鸡养鸭;晚上母亲在缝纫机上裁衣、缝衣,我在边上打毛衣、纳鞋底,边看边学。逢年过节,我跟着母亲包汤圆、包馄饨,煮好了一碗碗端给隔壁七大姑八大姨。就这样,母亲把她的一手好女红,慢慢传授于我,当我十六岁离家从戎时,这些女孩子的看家本领基本都已学会。

我在部队服役休假期间,母亲说,你还有一件小手艺没有学会,她找来了邻居老婶婶,六月天摆开了龙门阵,在老家场屋中包起了粽子。

原来,母亲觉得她包粽子的手艺不够好,三角粽的棱角不够分明,手感欠结实,便请来村上包粽子的高手,教我包经典三角粽。

年轻时候学会的手艺,一般不会忘记。从此以后,不管我身处何方,只要有机会,端午节的粽子从来都是现包现煮的。

自从有了会老堂,每逢端午,院子里总是热热闹闹、其乐融融。开始的时候我教女儿包粽子,两年下来,她也学得有模有样。那年为了拍摄央视十套的《味道》节目,我们三姐妹加上女儿,一起在戏台上包了一次特别的粽子。这几年的端午,都是朋友们早早预定在会老堂过节,同时增加特别节目,我教大家包粽子。大人小孩一起边学边包,有说有笑,每一次端午时光总显得特别温情。

Chapter Five
Taste

第 五 回
味　道

其实，这十多年来，会老堂的每一个端午节，不管那天有多少人聚集在会老堂里过节，事先我都要包上几百个粽子，分发给客人和邻居。那天我会穿上家常旗袍，围上围兜，一个人安静地坐在回廊里，手里包的是粽子，脑海里思念的是母亲。"每逢佳节倍思亲"，端午节成了对母亲的感恩节，特别是二〇〇九年冬月母亲离开我们之后，更成了我对母亲特有的一种纪念方式。

当然作为母亲的我，沿袭了妈妈的嗜好，特别喜欢和女儿一起做家事。我跟女儿天绮一向似同姐妹加朋友，她十岁多时，学会了打毛衣，兴趣浓到课堂上还帮同学打围巾，被老师请出教室，这让我反思是否兴趣太浓反而殃及主业了。逢年过节，我们母女俩经常一起包粽子、做汤圆、裹馄饨，这种形式的背后，其实是家庭传统的沿袭，说说家常，聊聊长辈，一个眼神，一个手势，充满的都是拳拳爱心。

▶在会老堂做草头饼

母亲的草头饼

二〇一六年央视十套《味道》栏目来拍摄会老堂的家宴,其中草头饼是最后一道压轴的甜点,也是会老堂最接地气的一道点心,于我们家人而言,更是对传统的沿袭。

我出生在上海嘉定的黄渡,就是传说中,那个上海简称"申"的发源地,如今这地方已经划并到安亭镇行政区域。自我懂事那天起,就见母亲忙里忙外的身影。当时父亲在空军服役,要求母亲带着我们三个姑娘一起到部队随军,但妈妈考虑到安徽的生活条件和教育资源都比嘉定差,坚决不愿当随军家属。她一个人挑起重担,一边要照顾爷爷、奶奶和小叔叔,一边要养育我们三姐妹,所以,我从六岁开始一直到十六岁离开家乡到部队军医学校学医,几乎每天都要协助母亲做很多家务事。

小时候,草头饼是每年初夏必吃的小点心。自留地里的草头多得吃不完,母亲会在午后的阳光下,拍拍身上的围裙,跑进厨房,不一会儿功夫,就给我们端上一碗热气腾腾、金光透亮的草头饼。至今我们三姐妹还会时常念起这个幸福的场景,并要争论一番草头入饼时,刀工究竟是细的好还是粗的好。

会老堂修复以后以酒店形式对外开放,我的心思慢慢从修复工程转入服务行业。作为中国最古老建筑的体验酒店,既有鱼米之乡的美食基础,又有古韵吴越的文化氛围,外加会老堂与生俱来的士大夫气息,我觉得一桌好菜是苏州人家的必需。因此,会老堂一直以来都在"家"的理念推动下,不断把太湖三白为主的各种湖鲜与当季食材结合,创出了好几道令人流连忘返的美食。我们的大厨齐登奎师傅不仅做得一手好菜,还写得一手好字,对东山这片土地、对会老堂怀有不可割舍的情怀。在不断改进会老堂菜品的过程中,我们不断探索、不断提高,所以,当我把母亲的草头饼教给齐师傅时,他很快让这道点心成为会老堂老朋友们的大爱。

Chapter Five
Taste

第 五 回
味　道

　　母亲的草头饼,不仅成了会老堂一道独一无二的甜食,也成了很多朋友的思乡由头。会老堂的饭桌上,往往因为这个点心,延伸出那些远离他乡的游子对故乡餐桌的回忆,也是对亲人的思念。我想,饮食上的喜好和习惯,更是一个民族对自己根源的追寻,因为只有在你的味蕾记忆里,你才能找回儿时的味道,找回你的家国情怀。

五百年王者兴
GREAT AGAIN IN 500 YEARS

Chapter Five
Taste

第 五 回
味　道

碧螺春

我了解碧螺春茶是因为这个黄油皮纸包装。每年清明前后,徐老师都会收到一包黄油皮纸包好的新茶,他说这是山上人送来的碧螺春,每年春天必喝。

随着我这些年频繁往来于上海与东山,他的春天必喝的茶都由我料理。徐老师对于东山的情感是复杂的,从他记事起,每年随着父母到东山都是清明时节,跟着大人一早坐火车到苏州站,要坐上三四个小时的公交车才能到东山,已经路长日暮。一些老亲戚挑着担子到杨湾汽车站迎接,他们一行人还要步行个把小时才能走到会老堂。第二天一早爬山上香跪拜,来回折腾需要三天。后来他父母相继早逝,安排后事、落葬,外公外婆从香港叶落归根,都是他一个人全权负责,所以,对他来说,东山给予他最好的记忆,也许就是这几片春天的碧螺春茶。

既然可以有人因茶而牵挂一个地方,我想会老堂应该有自己的碧螺春,也让我们的客人因茶香感受到太湖的春色。

我们在工人宿舍区,专门造了一间灶间,里面安置两个大铁锅,每年三月中旬,从茶农手里买下最好的青头,找来村里眼明手快的妇女挑拣,请高手炒茶。根据我们严格的要求,最早炒制半斤碧螺春好茶,约需采七八万颗芽头,可见茶叶之嫩,采摘之细,炒制之精,非同一般。逐渐会老堂牌碧螺春茶,每年春天都有人惦记着。

我最喜欢这个季节的陆巷,平日里一条条宁静的小巷,这个时候忙碌了起来。一早,背着茶篓疾步行走的茶农穿梭来回;中午,家家户户敞开宅院,八仙桌上一席碧绿的茶芽和一双双翻飞的手,快速地挑拣着青芽;傍晚,半敞的门楣里,灶火通明,从屋里飘出阵阵醉人清香,此时的老街深巷,被茶香熏蒸得满目翠绿,真叫一个"吓煞人香"!

五百年王者兴
GREAT AGAIN IN 500 YEARS

东山碧螺春当天采摘,当天炒制,不炒隔夜茶,这是几百年形成的规矩。炒制过程中"手不离茶,茶不离锅,揉中带炒,炒中有揉,连续操作,起锅即成"的操作工序,是碧螺春茶形成条索纤细、卷曲成螺、满身披毫、银白隐翠等特点的关键。如此炒制成的碧螺春香气浓郁,汤色碧绿清澈、嫩绿明亮。

碧螺春茶的冲泡,是绿茶中最为特别的,必须先注水后放茶叶,且水温不高于七十度。在第一泡的茶汤尚余三分之一时,即可续水;第二泡茶汤最好,饮后舌根回甘,齿颊生香,余味无尽;饮至三泡,一般茶味已淡。

碧螺春贮藏条件十分讲究。东山传统的贮藏方法是纸包茶叶,袋装块状石灰,茶、灰间隔放置缸中,加盖密封吸湿贮藏。而现在更多则可采用三层塑料保鲜袋包装,分层紧扎,隔绝空气,放在摄氏十度以下冰柜内贮藏,其色、香、味犹如新茶,久储年余,依然鲜醇爽口。

Chapter Five
Taste

第 五 回
味 道

杀青：当铁锅温度达到一百九十到二百度时，投入青叶七百克左右，以抖为主，双手翻炒，做到捞净、抖散、杀匀、杀透、无红梗、红叶、无烟焦，历时三到五分钟。

揉捻：压灭大火让锅温在七十到七十五度之间，采用抖、炒、揉三种手法交替进行，边抖，边炒，边揉，随着茶叶水分的减少，条索逐渐形成，使茶叶干度达六七成，历时十二到十五分钟。

搓团显毫：锅温保持在五十到六十度，边炒边用力地将全部茶叶搓揉成数个小团，不时抖散，反复多次，搓至条形卷曲，茸毫显露，达八成干，历时十三到十五分钟。

烘干：锅温约三十到四十度，采用轻揉、轻炒手法，达到固定形状，继续显毫，蒸发水分。当九成干时，起锅将茶叶摊放在桑皮纸上，连纸放在锅上文火烘至足干，历时六到八分钟。

Chapter Six
Friends

第 六 回
缘　聚

第六回 Chapter Six

缘聚

Friends

时光如水，百代过客，留下了解不开的缘分，都是我此生与会老堂的美好记忆。

总管和大厨

因缘而聚可以是人与人,也可以是人与物,当我十五年前打开会老堂老石臼里的那扇老门时,根本不知道这是我打开了自己人生最奇妙的一扇大门,将近五百年的历史,伴随着这个建筑带来的中国文化、历史、艺术和人文故事,让我徜徉其中,给了我一次次不期而遇的惊喜,我也压根儿无从知道,谁会来陪伴我一同探寻我与老宅的缘分。

二〇〇六年八月的一个午后,在虹桥机场接到一个精瘦精瘦的男生,我开车直接带他到了会老堂,直截了当地告诉他,我接下去要做的哪些工作需要他帮忙,并一一罗列了一大串迫在眉睫的工作清单,他只是一个劲地应承,并无多少表态。随后,我把他带回上海,开始给他安排每天的工作,一直到与我一同筹备会老堂的修复仪式和开馆事宜。开馆后,我把他留在了会老堂,让他独立接待我们的客人。他同时开始拍摄我们的纪录片,开始做会老堂宣传册的设计、排版,两年后,他能够独挡一面地工作。我突然发现这中间似乎没有给他太多思考的机会,赶鸭子上架似地把他推到了会老堂总管的位置,直到有一天《旅游情报》杂志上说,会老堂的总管也许可以称得上"江南第一管家"。我知道留下了一位称职的人才,会老堂与他的缘分是前世的誓言,今生的约定,他就是我们会老堂的总管闻风先生。

闻风总管与我由博客相识,因老宅相聚,他与全体员工一起,陪伴我走过了会老堂修复以后的坚守之路,成为涅槃重生以后会老堂的最直接见证人。在会老堂打造精品酒店的过程中,从对自己前程的迷茫到渐渐醉心于守护,直到与会老堂以及所有会老堂的家人建立起亲密的感情,与其说他见证了焕发荣光的会老堂,不如说是会老堂见证了他的每一个成长脚印,一路上不断精进、不离不弃。

Chapter Six
Friends

第 六 回
缘　聚

熟悉会老堂的林华老师跟我说"你的总管非常好用"！这"好用"两个字是包含着多层的意思，首先，闻风是一个多才多艺的管家，语言天赋极好，广东话、上海话、苏州话、英语都极为流利；还有平面设计的专长，我们会老堂的宣传资料、礼物包装、网页版面等等都是由他设计；他的摄影水平很不赖，我们经常为了一张照片的不同角度和基调进行争论，各有收益共同进步；我们因文字而相识，所以他写的那篇"十年"甚是让朋友们感动。

当然总管主要精力是在会老堂日常工作的全面管理。精品酒店的客户资源有别于普通酒店，会老堂九个房间的小而全特色，也使管家的角色更加突显，与客户之间零距离的接触和交流，锻炼了他与各种客人的沟通技巧，看似不露山色的各种服务，其实是蕴含着十年磨一剑的阅人功力。在陪伴会老堂的过程中，收获更多的是友谊，他说，志同道合的朋友因会老堂相聚，给予我们各种鼓励和支持，是会老堂的福报也是他个人莫大的福报，所以懂得在感恩中前进。

十二年中，我见证了一个青葱懵懂的男孩成长为精干成熟的职场达人，也分担了他远在美国的外婆和母亲突然离世带给他的茫然和悲哀。一切经历都是个体成长的过程，希望他年轻时就悟透生命的无常，坦然面对生死，更加珍惜生命的每一次悲喜。

同样，我们大厨齐登奎师傅也是会老堂修复以来最直接的见证人。会老堂开馆前一个半月，我委托女友缪妙帮我寻找厨师，她一副火热心肠，很快找来一位三十出头的小伙子，在查看会老堂以后，觉得自己不能胜任此工作。我又马上向缪妙求救，希望物色一个比较稳重的中年厨师，以本帮菜擅长，兼顾西式简餐。没过两天，她把齐师傅介绍了给我，我让司机沈国平带着齐师傅察看了会老堂的工作场地。也许这正是说不清的缘分，齐师傅从见到会老堂的第一眼起，就喜欢这个地方，一周以后，他办妥了离职手续，就开始筹备会老堂的厨房设备。不到一个月的准备工作，忙而不乱，修复仪式当天见证了他的功力，他一个人为一百二十位客人准备自助餐、冷盘、热菜、煲汤样样齐全，得到了客人的一致好评。也许齐师傅的出现，正是印证了唐朝诗人刘禹锡的一句诗词"东边日出西边雨，道是无晴却有晴。"

这会老堂的锅铲在他的手里一掌就是十二年。齐师傅是安徽桐城人，从小到上海拜师学艺，在酒家、饭店、宾馆等不同等级的厨房有过十五年的工作经历，来到会老堂需要他独挡一面，开始三年他就一个人负责冷菜、热菜、点心等所有工序，打下手的活只有不专业的服务员配合。随着会老堂名声渐起，他的菜品越来越受到客人的追捧，到二〇〇九年为他配了一位副厨乐启云，随之我们的餐饮在客户群体中越来越受好评。齐师傅谦虚好学，吸取苏州各地名家菜式的长处，还常常与我和总管一同探讨提升菜品的品质。我把母亲传授给我的一些小点心、家常菜的做法讲给他听，他会很快做出来请我品鉴。我们就这样一次次改进会老堂的菜式，把太湖不同季节的不同湖鲜做出不同口味，同时遵循只用最好、最新鲜原材料的原则，使得会老堂的一桌传统太湖菜肴，吸引了越来越多的吃客。有很多朋友吃过以后念念不忘，每年总会选择最佳季节，特地从上海驱车两个多小时，到会老堂拜访齐师傅，品尝这桌心仪的菜肴，解解馋念。

上海电视台纪实频道二〇一五年五月，花费一个多月时间，拍摄了《宴遇中国》江南菜篇，就在会老堂将齐师傅的几道拿手好菜一一拍个遍，我们根据当令时节把枇杷与太湖三白融汇合一，首创了"枇杷酿三白"这道集视觉和味觉于一体的佳肴，现在每到枇杷季节，这桌时令佳肴引得很多饕客远道而来。二〇一六年中秋佳节，我们的一桌家宴又被推到了中央电视台十套《味道》栏目，虽然出品人是我，但是镜头边的齐师傅，早就调配好原料，一个眼色、一个手势指挥着我烧出这桌好菜，让会老堂这个地处太湖半岛的乡村美味传遍大江南北。

齐师傅还有一手泥水工的绝活，这是他小时候就学会的手艺。在会老堂越修越好的过程中，每一次都有齐师傅的功劳，他不仅帮我监工，还自己动手完成很多零星的工作。我们天井里的花台、院子里的贴砖等等，他觉得找外面师傅做不划算，都默默无闻地自己做了，免了我很多操心，有他这样懂行的人监工和配合，使得会老堂的修复质量一次比一次好。

十二年，对于一个中年人来说，能够像个隐士般安心于一个乡村、一份工作，需要的不仅仅是坚持。在家人的几次不理解和高收入的诱惑面前，他都没有动摇过他坚守会老堂的信念，我想只能用"缘分"两个字来解释他对会老堂的这份坚守。

在山村夜色的宁静中，平时掌勺的手如今拿起纤细的毛笔，从欧阳修的帖下临摹出修长挺拔的字体。在王宰相的这个老宅里，齐师傅将中国书法融会贯通于厨房技艺，使会老堂餐桌上的美味佳肴多了一层文人的气息。

Chapter Six
Friends

第 六 回
缘　聚

十年

闻风

　　初次遇见你,是在十年前八月那个艳阳高照的午后。江南盛夏潮热粘腻,顺着老青砖铺就的狭小巷子进村,一旁昏暗老宅里身着碎花褂子的白发奶奶正摇着蒲扇听书,脚下还蜷着一只眯着眼的大花猫。地上洒满婆娑树影,走着走着不经意间你就在我身旁。那年我二十三岁,体重一百〇四斤。

　　我早已知晓你的名字,知道你是即将破茧的彩蝶。我怀揣着梦想踏上江南的土地,但在此之前未曾想过能够在你华丽的羽翼上绘上一笔。

　　我在整修的厅堂间穿梭,空气里弥散着刨花和大漆混杂的味道,所到之处,脚印留在布满木屑的青砖上。这年你四百七十三岁,等待重生之后最灿烂的涅槃。

　　与你相处的头三个月,我见了与这个家有关的许多人,听了很多关于你的故事,觉得你很有意思,但是仍未想通自己的梦想怎样与你交集。在一个与你独处的清寂夜晚,我躺在戏台上仰望星空,努力感受着你身体里流淌着的独特气韵、聆听你与我的对话,我仿佛看到了岁月在你身上焕发出的荣光,并为之深深着迷。

　　二〇〇六年十月十四日这一天,你以崭新的姿态在百余位嘉宾面前粉墨登场。在堂主向大家引荐时,我得到了"小管家"的头衔。从那一刻起,以家之名,堂主一家、我以及会老堂的工作伙伴们的情感根系,在你这片沃土里悄然伸展,日渐紧密。

　　年事已高的你总会有突如其来的健康问题让我们手足无措。不止一次我们冒着大雨为你抢险排患。头顶烈日、脚踏滚烫的瓦片只为在下一个雨天能够让你安然无恙……

你的康健在我们眼里是一种荣耀。这展示着会老堂家人彼此间的亲密情感,以及为共同目标努力的决心。让我们深感自豪的是随着一次次问题迎刃而解,你的体魄已愈加强壮、怀抱越发温暖。

你四百八十多岁,而且你将比我们更为长久地活在这个世界上。我们终究只能在有限的时间里陪伴在你左右。但是陪伴过程中的精进以及从中收获的友谊,早已不再孤独。

志同道合的朋友们因为你而汇聚于此,与我们相识、相知,给予鼓励和支持,这是我们与你相守所得莫大的福报。多年后老友重聚,当年襁褓中的婴孩如今已身高及腰。感慨时光荏苒,更感恩友情因你而从未远去。

是年本人三十三岁,体重一百四十三斤。对你的爱如我最近这一年来的体重一般有增无减。第一个十年即将翻页,在来年的春风中让我们开启下一个十年。

Chapter Six
Friends

第 六 回
缘 聚

会老堂的美好记忆

祝君波

走进会老堂纯属偶然。那一年我们出版局机关的摄影迷们外出采风，一路风行去东山。那真是太湖最美的时节，洞庭东山桃红柳绿，莺飞草长，成片成片的油菜花开了，金色的背影，透出远处的粉墙乌瓦，甚是好看。大伙兴致勃发，一路行一路拍，如此美景惹人醉，不知不觉中日落西山，天色渐暗，这才想起要寻个落脚处。随行的摄影家郑宪章说，他知道一个地方叫会老堂，在千年古镇陆巷内。于是驾车奔去，又沿着石砌小路步行，七拐八弯穿过小巷深处，到了终点跨过一扇毫不起眼的小门，啊！顿觉眼前一亮，一个别有洞天的小院出落在我们面前，最初的印象就是古朴、精巧和宁静。

穿越时光，方知这会老堂是明代嘉靖年间建造的古宅，距今有近五百年的历史。说起会老堂就要提及陆巷明代时的一位宰相王鏊，他历三朝风云而不倒。王鏊做官有一套，而学问更是了得，饱读经书，擅长诗文，又弟子如云，唐伯虎、文徵明均拜在他的门下，对后世影响很大。王鏊归隐故乡以后，在会老堂里会友聚贤，如今已由古宅改成有十来间房间的高级客栈。而高墙、园林、照壁、戏台以及二楼的大殿，仍十分完整，古风依旧。晚饭后我们在大殿围桌而坐，逐次投影交流各人白天所拍的照片，殿内四根金丝楠木立柱完好如旧，大家倚着古朴的坐席，有一种"不知今夕是何年"的梦幻感觉。

次日清晨，早早地被鸟叫声惊醒，唤起我久违的儿时记忆，这一夜真是难得。会老堂不仅环境独特，餐食也别具一格，虽无山珍海味，临湖靠山，却也不缺太湖"三白"（白水鱼、白米虾、银鱼）之类的湖鲜，又盛产瓜果、菜蔬，那晚厨师就地取材，做出一桌家常菜，令人觉着有滋有味，流连忘返。

这以后，就时常去陆巷，那条临湖的车道，那个深深的庭院，不时浮现在脑海中。独乐乐不如众乐乐，于是也介绍朋友去分享。最热闹的一次，我和堂主邢小姐办过一次春茗，那正是碧螺春和枇杷上市的时节，我们请了弹琴的、唱昆曲的、写书法的、画国画的，还有苏州大学一位研究王鏊的专家来做主角。又从上海租了大巴，一百多位朋友浩浩荡荡地奔去会老堂。吃过午饭，就着明媚的春光，于庭院中三五结伴围坐，举办了一场春茗派对，在古戏台上表演昆曲，在明式案桌上写字绘画，更有上海名人过传忠先生诵读王鏊的诗词，深情并茂，恍若时光倒流，王鏊再现一般。而堂主邢小姐忙前顾后，周招客人，也笑得格外灿烂。

老堂有今天，其实全靠堂主邢伟英小姐。这古宅在明清时为一家独居，到了近代，王家后人已分割而居。年复一年，终露破相，叫得有人住无人修，或者说没有一些铜钿银子也修缮不起。终于有一天，久住上海的邢小姐（她丈夫即为王家后人，分得其中一室），有缘来看王家的古宅，不看则已，一看不是滋味。古宅已东倒西歪，不成样子。经过反复思量，邢小姐决心担起责任。这以后，她慢慢积聚财力，请能工巧匠把房子一间一间修起来，把住家一家一家迁出去。历时十余年，终于修旧如旧，恢复了元气。这中间邢小姐往返上海、苏州，不知费了多少心神，不知花了多少钱财。迷进去、修下去，邢小姐才知道差不多是个无底洞，直至最终将上海天平路的一幢洋房卖掉，所得千万悉数投入会老堂建设。痴情女子古来多，但像邢小姐这般钟情于修缮会老堂、打理会老堂的人，还真不多见。因为一座古宅看似无情，但它终究是给人住的，它有它的主人，这就是房子的生命，灵性之所在。会老堂前世因王鏊而名，今时因邢小姐这位才貌双全、敢做敢为的女性而获重生。这就是这座建筑的情缘和生命。

记得二〇一三年夏天，我与前辈阮仪三教授合作在上海图书馆举办了"老房子保护与收藏论坛"。会老堂被大会定为原地保护的典范隆重推出，邢小姐在会上演讲，投影了修缮前后的照片加以对比，讲述了十几年来劳心劳力的艰难过程，说者动情，听者也无不动容。次日，阮教授率领与会嘉宾一百多人，又一次光临会老堂，实地考察原地保护的经验。看着近几年新发掘出的金砖、防火门，阮教授认为，一座古建筑在千年古镇的原址得到如此完善的保护，靠一位女性举家之力而为之，实属不易。

会后，很多媒体加以报道，会老堂和邢伟英的名字，越传越广。事后统计，百度等网站的点

Chapter Six
Friends

第 六 回
缘 聚

击率,在一周内就有一百四十五余万人之众,也出乎了我的意料,但细想一想又不意外,人类用智慧造就了大城市,光怪陆离,五彩缤纷,吸引了各色人等心驰神往,乡村、小镇渐渐式微、破败。在欧洲,那些昔日风光无限的古堡,也遇到了一块钱出售的日子(一欧元买进,但修缮维护是个吸金洞)。可见,私人古宅的保护是个世界性的难题,因为它毕竟比不得国有的古建可依托举国之力来维修。会老堂运气好,碰到了邢小姐,得以绝处逢生,可见我们的时代需要更多个邢小姐!

时光流逝,而有些记忆却历久弥新!

会老堂花果宴记

阮仪三

癸巳初夏值绿肥红瘦小满季节，太湖水涨，满当当的潋滟湖水之畔，会老堂主邢伟英女士邀苏沪两地名士佳友举办花果之宴，欣然赴会，不虚此行，记为志事。

会老堂址在苏州东山陆巷古镇，系一明代古宅，经邢女士精心修缮，恢复旧观，留存明代扁作梁架，梭形木柱，覆盆木柱础。厅堂高敞，辅房廊庑毕具，庭院宽绰。迁来老戏台一座，为增添文化意韵提供了场地。我去年曾在此小座茗茶，适逢昆曲演唱，戏台藻井穹顶，小院围墙四合，声响回旋反射，形成良好声场，音色绝佳，可完全摒弃现代电声音响，演者真声金嗓，假唱胡吼，真伪毕现，是会老堂绝佳的能匠妙构。

花果宴设于会老堂楼厅，在座有精于苏帮菜制作大师，苏州烹饪协会主席，有传统文化研究教授，有画家，有才女诗人，也请了上海评弹团长和弹词名家助兴真是高朋满座，群贤毕至。

入席，桌面上八只冷盆已招人现眼，应了"樱桃红了，枇杷肥"的时令。领衔的大盘是一簇碧螺春嫩茶，旁边是一只只剥了皮肚子里镶了太湖三白的枇杷整果，太湖三白苏州人都明白是太湖里时令的白鱼、白虾、银鱼，命名为"碧螺大玉"。一朵朵非常逼真的白玉兰是用茭白做的叫"兰花茭白"，还有"酿露慈菇""梅花山药""南塘白藕"等等以及热菜，"焦桃鳝片""雪梨鸭子""高丽玉兰"这些平常也能见到，大家称赞的是"酒香青菜"，用黄酒渍的青菜，用糖腌的橘皮，红绿相间，娇嫩香艳，用最普通的青菜经黄酒渍几回后酒香入微，配上红的橘皮特别清口。"碧螺大玉"之外另有"碧螺三虾"，也就是用太湖的草虾取出虾腰、虾脑、虾子，只有这个季节太湖雌虾孕子抱

Chapter Six
Friends

第 六 回
缘　聚

团最为鲜美，虾仁挤出后——又称虾腰，一般被丢弃的虾头经开水一绰放钵中轻捣，使虾脑脱出，像蟹黄一样只是一小块，这三虾是太湖畔一般苏州人家都会做的，也是过去年月珍惜食材的独门绝技，外地人是看不到也吃不着的。用碧螺春相伴有人说像是姑苏嫩娘牵红裳，真是诗情画意尽在其中了。

热菜中最受大家欢迎的是"莲子火方"，又称"蜜汁火方"，是苏州传统名菜，就用一方火腿蒸熟后用糖汁浇面，是一只重头菜，一般都无法吃完，经常是打包带回去慢慢享用。这只"莲子大方"上桌后，大厨亲自作了介绍，他选用三年陈的整只火腿，只取中方一块，用慢火煨蒸三遭，蒸格下衬底是三层红枣，蒸一遭去掉一层浮油，蒸格要密封不使走味，让枣子香气渗入肉内，枣子滴出的汁液淋上火方四周，不用红糖白糖，全是枣子渗滴的甜汁。众人看去，上面是透明的酱红皮色夹一层透明的膘肉，下面是枣红的瘦肉，四周堆满了雪白的莲子，像是白玉镶嵌的一块水晶玛瑙，散发出浓郁枣味的火腿香。入嘴细品，确是不同一般，肥而不腻，酥而不烂，丝丝而有咬嚼劲，枣香充溢两颊，众人在赞不绝口的品尝中，多次下箸，吃的个盆底朝天。

享用了火方，口中正感油腻之时，端上桌是莼菜鱼圆羹，这是用鲈鱼做的圆子，雪白粉嫩的圆子，漂在碧绿清香晶亮的莼菜上，（莼菜只有苏州产，生在没有污染没有风浪的池塘里，杭州西湖是不产莼菜的，当年商业部门招牌挂了西湖名字以讹传讹了。）不由地使你想起二千年前晋代张瀚的名句"吴江水兮鲈鱼肥，三千里分家未归"的莼鲈之思。我坐在会老堂的老屋里，在应时的季节品尝着家乡应时的佳肴，应好友之邀，谈论的家乡的趣事，都是幸运的游子，用不着悲叹哀愁。

但这种乡愁又是普遍存在的，老房子在急速地消失，水乡的风光变味了，市场买不到儿时的美味佳点，充斥了伪劣的产品，太湖的水也遭到了污染，现在的江南水乡已再不是我童年、少年、青年时的情景，看着种种的消逝，也免不了阵阵哀愁袭上心头，所以今天这桌花果宴也是人们找回记忆的一种努力，它更是现代人们对古人、对大自然的一种尊重和追忆。

重头菜上了以后，是调口味的甜品和点心，有"传统三泥"——赤豆泥、绿豆泥和山药泥上面都洒有鲜花瓣屑，红玫瑰、黄桂花、白玉兰的暗香浮动，与豆泥的雅清相得益彰。点心是玫瑰果炸和果子船点，最后是三脆素面作为果腹粮食垫底。一桌花果宴有重墨有淡彩，没有名贵的山珍海味,没有大鱼大肉,突出的是应时的花果,精细的制作巧妙又具诗意的搭配,用意是勾起故乡情怀,在充满诗情画意的氛围中,不由得激起诗情涌动,诗人胡建君女士即席填词一首:

宴瑶池·会老堂

谢东山慷慨复多情,天籁作龙吟。

更绮罗如画,琴歌回响,渐入吴音。

素手枇杷三酿,清气满衣襟。

宴饮红尘外,旨酒先斟。

也疑相逢长醉,伴太湖水秀,碧螺春深。

纵别多会少,无意计浮沉。

共人间,行踪流水,若等闲,朝市与山林。

常携手,洞庭花好,绿到遥岑。

评弹名家高博文团长用道地苏音朗咏,成宴饮尽欢。

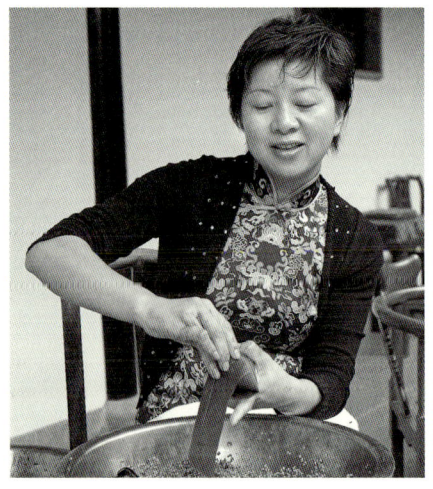

▲我在会老堂包粽子

会老堂的人间烟火

沈嘉禄

春暖花开时节,上海电视台"宴遇中国"摄制组到苏州东山会老堂拍专题片,江南食事的主题为花果宴,我应邢姐之邀前去做嘉宾。有大快朵颐并增长见识之良机,碌碌人生,焉能错过?

东山、西山是苏州的双胞胎,两座小岛山清水秀,气候宜人,惠风和畅,小水果风味十足,每年四五月份起渐次登盘,供人尝鲜。枇杷、杨梅、柑橘、塘藕、红菱、地栗等,都可以入菜。

晴空万里,微风吹拂,下午坐车到东山,在距会老堂十分钟车程之远的碧螺精舍还有一场"前戏",古建筑保护专家阮仪三、书法篆刻家陆康、上海评弹团副团长高博文、上海大学胡建君副教授等在周围青山陪伴下坐定,品明前碧螺春,剥东山枇杷,画竹骨纸团扇,聊东山风土人情。陆康先生还向主人赠送了一轴书法作品,不是寻常的唐诗宋词,而是三首苏州东山的童谣——与今天的主题非常吻合,也极富民俗学的价值。

暮色四合,移至会老堂二楼。

这场华丽丽的花果宴由苏州餐饮界老法师、原苏州饮服公司总经理、苏州烹饪协会会长华永根先生设计,亮点多多,比如用新摘的白沙枇杷,去皮去核,酿了太湖三白(白鱼茸、白虾仁、银鱼丝),以小水果的酸甜衬出湖鲜的清鲜隽永。还有一道梅花山药糕,山药打成泥,压成梅花型的软糕,湿糯而有粉质感,细细咀嚼,似有雪枝梅花的清香萦绕在齿间——当然只能是我的想象而已。不过让我真正惊艳的来了,不是惟妙惟肖的水果船点,而是席中四道甜品,毫不谦让地彰显了苏州美食的要义精髓,体现了花果在宴席中画龙点睛的作用。

这四道甜品是传统三泥、冰镇蔗浆、玫瑰果炸、高丽玉兰。

传统三泥是用山药、青豆和赤豆为食材,煮烂后滤出残渣,加熟猪油和白糖文火翻炒,不可过火也不可使之溏泐,最后在一只浅浅的大圆盘中分三格盛装,分别撒上干玫瑰花瓣、花生碎、糖桂花等。

冰镇蔗浆我是第一次品尝,蔗浆在中国历史悠久,唐代宫廷中就出现了,在夏天做湿点是不可缺少的调味。甘蔗榨汁,煮沸后收去水分至稠,就成了蔗浆,再冲太湖藕粉,色似琥珀,莹莹可爱,入冰箱冻四小时,上桌前撒松仁和瓜仁,谁也挡不住。

玫瑰裹炸,食材为相粉(糯米粉与粳米粉对半,是苏州甜点的常用食材),将玫瑰酱、玫瑰花瓣与相粉仔细揉匀,馅心为豆沙,再加入适量的花生、瓜仁、核桃、松仁等,包裹后捏成长条状,在平底锅里煎至两面微焦,表面如哥窑般爆裂,色泽有清康熙豇豆红官窑器的美艳,一口咬下,花香馥郁。

高丽玉兰,听上去跟高丽国有些渊博,但连华老师也说不清楚所为何来,有待考证。(回上海后我查阅了不少资料,得知高丽是一种烹饪技法:将一种食物的表面浸泡在蛋清液中,挟出后再滚上粉面,入温油锅炸至表面松脆,非常考验厨艺。此法历史也相当久远,现在苏州及周边地区比较多的是高丽肉,我尝过几回,古风幽幽。)而这道高丽玉兰是用新摘的广玉兰花骨朵为材料,洗净后用淡盐水浸泡去涩去苦味,内裹瓜仁和豆沙,外裹一层由鸡蛋液拌相粉的稀面,入温油锅炸至表面金黄。趁热上桌,一口咬下,淡雅的花香扑鼻而来。品赏之际不免暗暗自责:罪过罪过,唐突佳人啦!

清代钱泳《履园丛话》中有记载:"近人以果子为菜者,其法始于僧尼家,颇有风味。如炒苹果、炒荸荠、炒藕丝,山药、栗片,以至于油煎白果、酱炒核桃、盐水煮花生之类,不可枚举。又花叶亦可为菜者,如胭脂叶、金雀花、韭菜花、菊花叶、玉兰瓣、荷花瓣、玫瑰花之类,愈出愈奇。"所以嘛,华老师设计的这四道花果甜点是有渊源的。

以上几款甜食,《舌尖上的中国》都没有拍过。呵呵,山外青山啊!

会老堂躲藏在小巷深处,不露声色,推门进去却是花团锦簇,树影婆娑,鸟语婉转,流水淙淙,若设再有一张古琴置于汉砖之上,泡一壶新茶在清嘉靖年间烧制的苏州金砖上,三五知

Chapter Six
Friends

第 六 回
缘　　聚

已坐而论道,那更像是一处修身养性的世外桃源。但会老堂也是人间烟火的所在,为了再现会老堂的原有生态,邢姐经常在此素手做羹汤,以苏州风味美食招待亲友食客。我就在此吃过清炒三虾(虾仁、虾脑、虾子),吃过红烧河鳗,还吃过农家柴灶烧的咸肉菜饭。邢姐特意告诉我:"那是隔壁人家的好婆用桔子树的树枝引火的噢!"

每年端午节,邢姐还要大张旗鼓地裹一次粽子。为什么说大张旗鼓呢? 喏喏喏,淘米浸泡、清洗箬叶、五花肉上色调味等这些常规程序之外,她还要极具仪式感地穿一袭蓝印花布镶了枣红色滚条的旗袍。裹粽子的地方呢,就在会老堂的回廊下面,听着鸟鸣,感觉树影的移动,这样的操作简直就是享受啊。粽子煮熟了,就趁热往亲朋好友家里送,我拿到后一摸,还是热的!

今年端午,邢姐照例又要穿着旗袍裹一趟粽子。这回她要搞点小名堂。为会老堂的粽子起个名。微信我,我就替她出主意:干脆就叫"会老堂四大才子粽"吧。

为何将四大才子牵联进来? 喏,会老堂嘛,第一任主人王鏊不正是唐伯虎他们哥几位的老师吗? 老师在此隐居,学生再牛,也得经常来此请安问学。若设正巧碰到端午,大家在一起吃只粽子,喝杯雄黄酒,吟诵几段端午诗文,也是情理之中的美事呀。所以四大才子粽还是有出处的,再说呢,"四大才子"与上海话中的"四大馋主"读音是一样的。经常供人民群众充当笑料的唐、祝、文、周,既是风流才子,也应该是脍不厌细、食不厌精的馋主呀!

邢姐一听拍手称好。不出一周,四大才子粽果然新鲜出炉:苏州肉粽、咸蛋黄粽、蜜枣板栗粽、白米赤豆粽,装在竹丝提篮里,上面贴了一张白描,四大才子活龙活现。红黄丝线,箬叶碧绿,只只饱满扎实,剥开来一吃,果真是姑苏风味,浓浓人情!

这就是邢姐,出得厅堂,下得厨房。旅游、摄影、飙车、写美文、修复古建筑,直至烧菜做点心,我还没有告诉各位亲,她的本行之一,居然是替人家开膛剖肚绞肠子的外科医生!

脱茧化蝶

李戎

也许我是唯一一个最早通过博客文字认识会老堂的人,也是见证这十多年会老堂完整重生经历的人。

二〇〇五年,我成为勇敢的博主,小心翼翼地潜水在博客的海洋里,忽觉这世界好大好大!某天,我看到一篇博文《作》,待经心读完,我怎么都需要浮出水面呼吸了,我留下了感言……因为我对这种文字既熟悉又陌生,太久了,我飘洋出国十五年,五千四百多天,久不识沪语沪味,错过了多少家乡的故事啊!

作者邢伟英的文笔朴实稚嫩,但读来感觉亲切,胜过拿腔拿调的大作。就她的这篇文章《作》我便被邢伟英捉住,似乎上海人对"作"都有心灵感应一样,只有上海男女在"作"之间能够相安无事。她的文字把我童心拽回,记忆泛滥出五岁儿时的我,在苏州乘坐有篷马车,随大人游玩苏州园林的景象。在她的博客里,关于修复会老堂的文字,是最为打动我的,她在"作"会老堂上下五百年的故事,"作"出会老堂的前世今生,这种"作"法,恐怕沪上仅此邢伟英一人!可见她是个何等会"作"之人!我被她追求梦想孜孜以求的个人魅力吸引,从此以后的|多年,无论远隔重洋或近在咫尺,我远观近望会老堂,脱茧化蝶。

想象五百年前,绣花鞋里的三寸金莲只能躲在摇弋的裙里,如今堂主穿上绣花鞋走在陆巷的石板路上,走进会老堂里的一洗金砖地,走进会老堂一弯翘檐托举的明月里,历史的厚重在她的脚下演变成清风明月,在太湖畔随风摇曳!

我熟悉的堂主邢伟英,除了倾情修复还原五百年前的会老堂硬件之外,"让生活审美

Chapter Six
Friends

第 六 回

缘 聚

化,让审美生活化"用来形容堂主邢伟英是再合适不过了。她将"复原古典而高于古典"作为自己的追求目标,她把会老堂里古典家具和舒适的现代生活有机融合,那套两代媳妇演绎出来的沙发,坐在上面似乎按压住我心房某个痛点;卧室寝具上的刺绣logo,随处看似不经意间的点缀让我惊喜;会老堂定制的琼浆陈酿,不仅让人口齿留香还极易帮助懂它的人达到微醺境界;那丝弦撩拨吴侬软语萦绕宾客耳际的评弹堂会,配上采芝斋乾生元的蜜饯小吃,安静的置身于亭台楼榭;那洞庭碧螺春翠绿的芽叶充盈在味蕾间,香味恍若隔世飘来;还有堂主女儿天绮设计的定制瓷器,这不仅是母女传承的开始,更是绵延会老堂传承的战略部署。总之,堂主为之付出心血,远远超乎她数年来为修复建筑本身所付出的心力!

所以,在我看来,这个五百年古建筑复活的成败,关键是软件和细节,只有细节与建筑熨贴的圆融,共同演绎出生活审美化的最高境界,这个建筑从过去到现代,才是活着的!

下面我要透露一个只有我知道的小秘密。十多年前,闻风是我博客里的粉丝,他经过我的博客认识了邢堂主,因为共同的爱好摄影,他们开始互粉留言。而当闻风大学毕业择业的时候,邢堂主说自己急需人手,是否可以清闻风北上到上海帮她,此时正是会老堂二期修复即将结束,正在筹备作为小酒店开业之事。没有想到的是,闻风同学一下飞机直奔苏州会老堂,从此这个IT男孩,成了一个古典酒店的管家,生生地把会老堂管理得超乎该有水准的水准,而这一管就是十多年。

闻风精通国语和家乡广东话自不必说,他还精通英语、西班牙语,还会几句我们听不懂的意大利语。我与他对话,他居然说着一口地道的沪语,我简直怀疑他就是上海人出身,想必是世道轮回,闻风本该就是哪一代的江南才子,只是回到了他本该来的地方!

我们同在一片博海里扑腾,他的诚信、博学、多才,谦和的笑容和对客人的体贴,与会老堂相得益彰。他会让客人在会老堂期间如沐春风,宾至如归,会老堂没有他,如同碧螺春没有东山水,是泡不出会老堂茶韵的,没有闻风引领,宾客很难体验到江南士大夫深宅大院的深切韵味。闻风具有天然管家资质,但苏州吴地这片浑厚人文山水的滋养,更使他与众不同,古今风格在他身上自然天成,真可谓邢姐慧眼识人才!

万顷太湖盛产湖蟹和三白,东山又有各色野菜,尤其四时花果时蔬,新鲜美味,近期看着会老堂微信公众平台不时推出各种美食,就会惦记起大厨齐师傅。每一次到会老堂都能尝到他倾情制作的各种佳肴,不仅赢得住店客人交口赞誉,还有那些老远赶来的吃货们,都被齐师傅的一手好菜吸引。我相信他的精湛厨艺首先来自于他对会老堂的热爱,他把会老堂当作自己的家,把自己的聪明才智融合进会老堂这个历史品牌,齐师傅热爱书法、热爱园艺、热爱建筑,具有文化情怀,把钻研传统中国文化的乐趣,与太湖食材有序结合,触类旁通地融进餐饮文化,才做得一手好菜。相信会老堂的新朋老友在吃的方面个个都会比我有感悟。

不过,会老堂的日常饮食,真正让我难忘的却是早餐!上海人早餐吃泡饭是传统习惯,就是在西方过日子,我周末也是一定要吃泡饭过过念头的!我深感会老堂在早餐上是下足功夫的,一样样铺陈出来的早餐小点心,不单单体现出江南士大夫生活图景,更为让居住在会老堂的宾客们有一个与众不同的家的味道。

且不说粽子,那是堂主自己包的应季食物,是真正有口福之人的得意。可那苏州黄天源百年老店特色糕团,那陆巷方糕,那齐师傅油煎脆皮荷包蛋。啧啧,各色地道江南佐菜、沪上红方白方豆腐乳、苏州虾子鲞鱼、太仓珍品肉松、高邮咸蛋、松花皮蛋、油氽果肉,好一派富贵风味!配上齐师傅熬的粥,那真正是吃过难忘!齐师傅掐着点起来熬粥,熬到客人起来洗漱完毕坐到位子,会老堂花衫侍女端上那碗表面似米粒非米粒、晶莹透亮、黏稠厚薄适宜、口感温热偏烫的大米粥,吮上一口,哦,舌尖上给我的反馈即是,那不是一碗泡饭能够制服我的!舍弃豆浆糕点,喝两碗还意犹未尽!是了,齐师傅做的酸豇豆炒朝天椒才是粥的真正绝配和杀手!让我对会老堂早餐难以忘怀的关键,不是吃一次让你印象深刻,而是回回都粥香软糯、佐菜地道,实实在在地能打动到你。

你说:一日之计在于晨,一日三餐是早餐,重要到现今形容早餐犹如皇帝在吃饭⋯⋯我觉得,那我不就是"皇后"在会老堂吃早饭吗!那可是我对食物品味的自主追求!因此齐师傅又是让食客们懂得餐桌上啥叫以小见大的典范!这是堂主觅得的第二个好人才!

说到客房部两位服务员,她们与生俱来有着古镇的隐忍气息,在会老堂一方天地里被熏陶得大方、含蓄、周到、细致而充满个性。转眼间,她们一位由姑娘变成人妇,一位由人妇变为婆婆,同会老堂见证着她们的成长。

第六回
缘聚

如若说堂主慧眼识人才！这里面包括识才爱才，爱才留才，留住了人才，还会不断挖掘人才更多潜力，这是堂主深谙人才是做好一切事情最重要之秘笈！会老堂集天时地利人和，缺一样都不灵光的！

遇见了，就是有缘！关注会老堂脱茧化蝶的过程，也是我隐约回放自己点滴生活印迹的过程。"十年浩劫"让我们失去很多无法挽回的文化，在会老堂成长过程中，也是我热爱古典事物的成长过程，我分享会老堂的点滴进步，一有机会就去会老堂点亮我的生活。

我母亲的八十大寿寿台选择在会老堂搭建，一大家人和和美美为母亲大人喜庆大寿，祝她福寿双全。我希望母亲的九十岁寿辰仍然可以在会老堂庆祝。会老堂也是我接待亲朋好友的理想之地，三五知己楼台相会， 餐美食，一场堂会。我也加入了传播中国文化的队伍，沉甸甸的历史是需要人们用身心去体验和感悟的，弘扬我们中国人自己的文化责无旁贷。

其实邢伟英与会老堂已分不清谁是茧谁是蝶，她们彼此依存，互为成长，最终都脱茧化蝶！在此，借会老堂修复十周年之际，承堂主邢伟英美意，我写出我对会老堂、对邢堂主有感而发的文字！同时，我感到如同回到多年前的博客时光，艰难地、爽快地与文字搏斗了一番！

居所的生命

利维

在认识邢姐之前,我从未认真思考过人和居所的问题。

家,因住的年月长了,屋子里面发生的故事多了,自然也就有了灵性,创造这种灵性的,并非建筑的设计有多么精巧,而是时间,还有流逝其中的人和物。

于我而言,自己童年的每一分记忆都离不开我家那座老宅。四季各有时令乐趣,譬如我执笔疾书的此刻是初夏,窗外是晴朗天气,并不怎么热,外面有微风吹进来,叫人很是舒服,不由地会叫我想念旧日时光。蝉声阵阵,下午日头不那么盛的时候,祖父将西瓜用网袋吊在井里,等日影消尽,大人们把藤椅、竹床搬到门口,等待乘凉,祖母手持蒲扇;一家男女老少,傍晚吃过夜饭后,就聚在一起各种神侃,远处的夜草间,依稀能看见萤火虫飞来飞去;祖父见家人聚齐了,就把西瓜从井里捞出,剖瓜解暑,各人都吃得到,清凉透心;我躺在竹床上,仰面繁星满天,看着夏风在老宅的灰瓦白墙上作画,人影在上面走动,树影在上面摇曳,叶子拂动的声音,连着风声、蝉声、人的笑声交织在一起,很是惬意。

居所不能言语,却有生命,它保留了自己曾拥揽入怀的人的记忆,可能是一个延续上百年的家族,也可能是一个叶落归根的游子。一砖一瓦,一弯回廊,一处天井,似乎都承载着无数记忆,它们像是可以留声或摄影的机器,忠实地记录着人们在各个时期遗留下来的可贵情感。

在认识邢姐之后,我对人和居所的理解,在原有的基础上,又多了很多新的体悟。

我是在朋友胡建君组织的一次沪上文化沙龙中认识邢姐的,对她的第一印象就是端庄大

Chapter Six
Friends

第 六 回

缘　聚

气,邢姐坐在那里,言语不多,但一举一动却透着精致的优雅。在那次沙龙上,邢姐介绍了自己修复古建筑"会老堂"的心路历程,令在场所有的人都印象深刻。邢姐自幼生长在上海嘉定,她的人生可以说是丰富多彩,早年先后就职于部队医院、国家机关、银行,后又学习设计,更热衷摄影,行走游历了多个国家,往返藏区、行走南北极。不过,上述这些经历,都似只为她之后的一件壮举做铺垫而已:当邢姐偶然之间走进苏州东山陆巷,遇见会老堂——那是她夫家的祖宅,她人生所有的心念,自此以后,都似只为了修复那座老宅而燃烧着了。

表面上看,这是一个疲惫的行者修复古建筑的过程,可在我眼里,邢姐的人生,无论是外在的,或精神上的,似乎都在围绕着家园展开。

邢姐的人生,真像极了古人对待家园的造字过程。当从"家""宿""宁"演变到"园"字时,邢姐会希望有一堵围墙守护自己的一些精神的东西,因为很多精神层面的东西可能在过去的奔波中,已经幸存无几了,所以必须让它们得到最悉心、细致的保护。当邢姐在陆巷遇到会老堂的那一瞬间,她可能就意识到了,原来那面围墙就在这里,这座明代嘉靖时期的古宅,完全可以守护自己的精神家园,像是"家"和"园"的造字那样,先有能让安全、安宁的屋顶,接下来须有守护精神世界的围墙,然后便是堆土石、引流水、栽花木,一切自然水到渠成了。邢姐不单纯是修复了古建筑,更像是营造了属于自己的生命家园。

当然,围墙并不是将自己与外在隔绝,相反,"会老堂"这个名字,给了家园更多的意义。

前不久,梅子季节未到,江南竟一直任性地淫雨霏霏,我一时兴起,便欣然提笔写起了会老堂的雨境。我说:"会老,意味着可以与他人分享生命的快意和哀愁;会老,也意味着与自身相处,静下心来观照自身。雨季的作用,大约更像是后者。"所以,"园"字的围墙,绝不是将自己与外在隔绝,相反,作为精神的守护,它一方面帮助居于其内的主人观照自省,另一方面,却又开放包容,时时欢迎志同道合的远朋走近,或是把酒品茶,或是闲赏花木,无一不是出于主客之间彼此的体恤关照。事实上,家园的本意,也正因有了包容,才有了真正的彼此守护。

这些后续的理解,正是邢姐和她的会老堂带给我的。在我最初对居所的理解里,我相信以家园为主体的建筑空间,除了供人居住,便是记忆的载体,就像我对故居的怀念,它确实承载着我对童年生活的回忆,如果再深入一些,可能源于我内心对乡间独有的那些如诗如画般静谧岁月的不舍；而对于邢姐来说，这十年有余的修复会老堂的经历，可能是另一种想象和关联，古建筑自身的存续绵延数百年，远远超过一个人有限生命所能体历的，因此它也超越建筑本身的功能，成为了某种联系古代生活的空间图腾。在会老堂里，即使是住在里面的主人都不可能知道百年前发生的种种细节，但正是这种物理定律上的不可能，无意中也包容了人们的想象力，他们可以将对古代生活的想象，当成一种可以自由发挥的艺术创作，并最终融入自己的生命。

居所的生命，大概也在于此。

春风又绿会老堂

宋路霞

走进苏州陆巷古镇不是一件很容易的事情,因为镇上至今保存着明朝时期的格局和风貌,脚下是高低不平的石板路和青砖路,眼前是逼仄阴暗、七拐八拐的小巷,现代化的汽车在这里是无用武之地的,要想找一个固定的目标,只有乘轿子或三轮车,吱嘎吱嘎地由镇上的老乡"陪"你进去。会老堂就坐落在这个小镇的一隅,十五年前,跟镇上所有墙头长草的大小院落一样,灰蒙蒙、期艾艾地打不起精神,是个被遗忘的角落。

二〇〇三年,一位有远见卓识的女强人——邢伟英女士来到这里,环顾四周,被这里特有的气韵打动,毅然斥资从祖辈手中买下了这个小院。当她轻轻拉开那道早已变形的门闩时,想不到却启封了一段古老的历史——原来这是明代宰相王鏊旧居的一部分,他在告老还乡后,给自己营造了一个读书会友、清净高雅的安乐窝。在这里,他与唐伯虎、祝允明等才子品茗论艺,相谈甚欢,唐伯虎还为他画了一幅《王鏊出山图》,誉之为"海内文章第一,山中宰相无双"⋯⋯因而有"会老堂"之名。

转眼快五百年了,作为王家之后,他们夫妇顿觉肩头责任重大——踏着祖先和先贤们重叠的脚印,面对着浸润了数百年风声雨声读书声的飞檐叠嶂,历史没有走远,古韵就在身边,问题是要用心地呵护和传承。于是就有了长达三年时间的精心策划、反复酝酿、修旧如旧和故园新生,个中甘苦,只有他们自己知道。

如今，春风又绿会老堂。当年宰相与才子们赏春、吟月之处，曲径幽廊依然，楼台亭阁依然，月洞门、荷花池依然，就连房间中古老的木纹地板也是当年的。步入其中，就像步入了一座巨大的文物建筑，或是一场没有终结的古装电视剧，令人会不自觉地"起舞弄清影""不知是何年"。

会老堂的新生无疑是个美丽的典范，标志了江南古建筑文化的生生不息。

缘分

王安安

　　缘分，如此之奇妙！十年前在好友祝君波先生的介绍引荐下，认识了这位年轻貌美有风度的女士邢伟英！才得知她在东山重修会老堂，当时我也正在东山建我的安安庐！初见面，她的谈吐个性那么可亲，爽朗的让我立刻喜欢上了她！一而再，再而三地相处，深深感觉我们似母女，又似姐妹，更似闺蜜！

　　会老堂在伟英辛苦，精心，努力下有了古迹修复后的面貌！点点滴滴看出女主人的用心！十五年不停地维护，每次看到都令人惊叹！佩服伟英的艺术才华和她百般不懈的毅力！

　　会老堂十五年，安安庐十五年，像双龙戏珠般地占住了东山，互相守护，互相依靠，家人般的亲情和关怀，更是无法形容的缘分！

　　祝福会老堂，继续在邢伟英的带领下鹤立鸡群！

会老堂的守望者

《嘉定报》

嘉定黄渡田埂上走出来的姑娘邢伟英,会打毛衣,纳鞋底,缝被子,还包得一手好粽子。

她当过兵,行过医,做过金融,学过设计,游历40多个国家,多次往返藏区、行走南北极。

她喜欢自由不羁的生活状态,却最终将脚步停留在了会老堂,选择守望这座有着五百年历史的古建筑。

她说,漫漫岁月,我有缘陪伴它几十年,它亦给我以滋养,人生何其幸哉!

一见钟情

明朝正德四年(一五〇九年),三朝宰相王鏊告老还乡,回到了他出生的地方——苏州东山陆巷村,他为这个历史悠久的古村带来了极高的荣耀,也在留下了诸多气势恢宏的王氏宅第。

江南的雨停了又下,会老堂的屋檐下,人来了又走。五百年的漫长岁月后,作为夫家的祖宅,当邢伟英找到它时,会老堂已是一座千疮百孔、岌岌可危的建筑:主楼建筑整体向东南倾斜,屋顶飞鸟进出,地板腐朽不堪,犹如一位风烛残年的老人。

然而,她却对它一见而钟情。

Chapter Six
Friends

第 六 回
缘 聚

作为上世纪六十年代出生的一代，邢伟英和许多人一样，亲历了中国经济腾飞的过程，眼见了商海浮沉中的各色人等，满足了丰富的物质需求后，他们中的一部分人内心却陷入迷茫。

"对我们来说，现在应该是放下的年代。在吃喝不愁后，我们应该寻找一个能够滋养我们内心的，让自己觉得这辈子活得还是有点意义的事情来做。"

她决心修复会老堂。尽管此时对于古建筑修复，邢伟英还只是个门外汉。

二〇〇三年底，在征得家人及苏州文管部门的同意后，邢伟英启动了会老堂的修复。邢伟英边修复边请教苏州的古建筑保护专家，一边还要兼顾上海的工作。她上海苏州两头忙，仅二〇〇四年一年，她的车子就跑了六万公里路程。随着修复的推进，她越来越觉得中国古建筑有太多的讲究，自己的知识储备远远不够，要修好会老堂，她必须出去充电。于是，在二〇一一年，邢伟英毅然决定离开年薪已达百万的银行工作，走进同济大学，挤在一群年轻人中间，从头开始系统学习古建筑保护知识。

嘉定大姐

人的潜力是无限的，邢伟英常常对女儿讲这句话。

邢伟英是嘉定黄渡人。家里共有三姐妹，作为大姐的邢伟英一直被妈妈作为家里的重要劳动力培养：六岁学会打毛衣，八岁就可以帮邻居家小囡织水草花的毛衣，十二岁放学后去生产队挣工分。十六岁之前，纺纱、织布、纳鞋底、包汤圆等女红她已是样样拿手，放牛、割草、喂羊等家务更是妈妈的左膀右臂。

过年家里拿到一张肉票，买肉必须走一个小时去黄渡镇上排队，别人家都是爸爸去排队，邢伟英的爸爸当时在部队，她就约了邻居家小姐妹结伴同行，半夜两点半出发，顶着月光走一个多小时去排队，再走一个多小时回来。所以，当十六岁的邢伟英考取南京军区军医学校的消息传到家里时，妈妈傻眼了：以后家里的一大堆活儿谁来做？兔子和羊谁来喂？

邢伟英到部队后,很快就成了同龄人中的大姐大,因为她会缝军被,会帮战友遮风挡雨。那时候,出去开会常常是乘卡车,天寒地冻时,每次都是她军大衣一披,把两个娇小的战友护在大衣下,像是护雏的母鸡。久而久之,战友们都知道了:邢伟英是可以依靠的大姐。

在部队,邢伟英成为手术室护士。手术室护士都是经过严格挑选的业务尖子,譬如一台脑外科手术,医生切开每一层需要用到的器械都不同,邢伟英不用看医生的眼色,只要看到病人的伤口,她就知道应该给医生递上什么器械。当年的脑外科主任后来调到了武警总院做专家,就曾感慨地说:我后来再也没有遇到过像邢伟英这样的护士,可以和医生配合那么默契。

十年后,邢伟英从部队转业,安置到了国家安全局。一九九三年,又调到南通驻上海办事处做招商引资工作。一九九九年,邢伟英离开招商办,进入上海民生银行,成为一名资深高级客户经理。直到二〇〇三年的夏天,邢伟英沿着陆巷那窄窄的巷弄推开会老堂那扇破败的大门,她的人生从此彻底改变。

筑园之乐

邢伟英也许没想到,会老堂一修就是三年。

在主楼修复完成半年后,邢伟英又找到了小姐楼的主人。二〇〇五年春,随着分隔主楼和辅楼的高墙被缓缓推倒,小姐楼也终于在百余年后重新回到会老堂的怀抱中。

会老堂是一栋三进的古建筑,第一进的房子已经破坏殆尽无法修复,如果利用人工把第一进做出来,那么整个建筑的格局就变了。古建筑保护专家给邢伟英的建议是保持格局完整,在房子的第一进做个戏台。一百八十个日夜后,一座纯榫卯结构、每一块花片都由手工雕琢而成的明代戏台在二十位木工手中诞生,这也是江南私家园林中的唯一一座戏台。

主楼的所有花窗均采用老松木,架构出满天星窗格;屋面瓦片、脚下青砖虽有破碎,却又古旧有味。用于修补主楼二楼地板的木料是老木新作,但是在规格与风化程度上与原有地板十分近似,令人难以分辨。四根完好无损的通天金丝楠木柱矗立在主楼楼厅。楼下天井的小池塘

Chapter Six
Friends

第 六 回
缘　聚

边，才子佳人的好戏正在戏台上演。

　　会老堂有两口井，原来的井水不活。邢伟英觉得，水不活，老井就没有意义了。旅行时，她受到日本山泉的启发，回来后自己设计了竹竿，把井水引出来，水就活了。

　　重生后的会老堂，几乎完完全全还原了五百年前的状态。邢伟英并没有根据自己的喜好做任何的改动，而是利用自己所掌握的知识把古建筑阴暗湿冷部分进行了调整，使之舒适度更高。国家历史文化名城研究中心主任阮仪三对会老堂的修复非常认可，每次带人来参观，总是说："你们看看，这个就是典型的嘉靖建筑啊，一点都没有被破坏。"他还把会老堂誉为"原地修复、修旧如旧的典范"，称赞邢伟英"一个人尽一己之力把明朝的一个房子修好，而且比政府修得还要认真！"

　　已经"比政府修得还认真"的邢伟英，还在修会老堂。二〇〇七年至今，会老堂又陆续经历了五次修缮。为了修复会老堂，邢伟英卖掉了自己在上海的一栋老洋房，用掉了几乎所有的存款。

　　拂去岁月的尘埃，二〇〇六年，一座明代嘉靖年间江南士大夫的典型住宅重现在世人眼前。如今会老堂中的每一点一滴都透露着主人独特的气韵，邢伟英形象地把这个修复的过程称之为燕子衔泥筑巢，她从中感受到了古人筑园的乐趣。

宾至如归

　　会老友、聚贤达，这是会老堂名字之由来，邢伟英也是一个喜欢交朋友的人。

　　会老堂第一期刚修好时，一个朋友看后临走时对邢伟英说，这个园子你关起门来自己玩，实在太可惜了，要让大家一起来感受历史、感受文化、感受文明，独乐乐不如众乐乐，为什么不让更多的人来这里体验古代江南士大夫的生活呢？

　　为了不沦为商业模式，为了保护会老堂，邢伟英必须要做到很多坚守。如今的会老堂，不再是宰相的私宅，而是一家古董精品酒店，向所有喜欢中国古建筑和传统文化的人敞开大门。

五百年前,会老堂高朋满座;五百年后,会老堂宾至如归。那些到过会老堂的客人,后来都成了邢伟英的朋友。从这些朋友身上,邢伟英学到了很多,有对文化的共鸣,有人生故事的鼓励。邢伟英深深感觉到,钱花出去和赚回来不是人生的真正乐趣,这个过程中找到投缘的朋友,给予自己丰富的文化滋养,这才是修复会老堂最好的回报。

今年,邢伟英又在苏州东山眠佛寺下修建了一座碧螺精舍,那里山青水碧、风清月明,她希望能与更多志同道合的朋友,一起在此读书写字、静心修身。

小时候,妈妈最常对邢伟英说的一句话就是:人呢,就怕不认真,不去学,一年三百六十五天,只要每天学一点东西,三百六十五天就能学三百六十五点东西,就能比别人多学很多东西。如今嫽成女儿邢伟英依然在拿这句话来鼓励自己:要保持对新事物的热情和兴趣,人生才能不断进步。

Chapter Six
Friends

第 六 回
缘　聚

后　记
守　望

我是一个喜欢独行的人，这十多年来，常常说走就走。五大洲七大洋四十多个国家，南北两级、高原无人区，都留下了我的足迹。

因为钟情自然，选择行走；因为享受孤独，选择独行；因为喜欢乡村，便去修复会老堂。二〇一二年，我主动放弃朝九晚五的银行工作，是在乡村和都市之间做出的一个重大选择，我向往这脚下的绣花鞋，时时踏实地踩在充满泥土气息的青石板上。

中国现代历史学家钱穆先生对乡村和城市的论述中是这样写的："人类断断不能没有文化，没有都市，没有大群集合的种种活动。但人类更不能没有的，却不是这些，而是自然、乡村、孤独与安定。人类最理想的生命，是从大自然中创造文化，从乡村里建设都市，从孤独中集成大群，从安定中寻出活动。"这段话，帮助我找到了答案。我曾去台湾拜访钱穆先生的故居，这是位于东吴大学的一幢二层小院，四周鸟语花香，大红的木门上写着"素书楼"三个字。此楼是一九六七年将中正先生赠予的。东吴大学离台北故宫博物馆不远，学校草木茂盛，想必这个环境也是先生所向往的乡村与城市的合理距离吧！

每一个人的生命是一条小河，重要人生节点就是一条条支流，顺流而卜还是逆流而上，或者抛锚停泊，都在寻找那个回不去的故乡。我的人生起点就是一个游子，少小离家，十年军旅，身归家乡，心却远航，在都市的喧嚣中黯然失色，在乡村的宁静中兴趣盎然，无数次出发—停泊，出发—停泊，扬帆于生命的河流中，享受孤独，把家安在心里。

后记
守望

Afterword
Outlook

这些年，我驻足于太湖边的美丽乡村，回顾那些独行之路，是乡村和都市的不断切换，让我一边感受着城市的发展和活力，一边感受着乡村的宁静和安定。我又有幸在两者之间发现了各自的美好，寻求平衡，抛却抗争，只存感恩。我自觉这是一个文化开始回归的时代，一部分人会从僵化了的城市模式中寻找自然的力量，重亲自然，回向自然，作为先行者，何其幸哉。

台湾作家蒋勋先生在讲述《红楼梦》第十七回时说，儒家思想的纲常伦理反映中国建筑的规整、平衡，引出中国园林在道家思想引导下的曲线和幽美。中国园林有自己的审美标准，与西方园林一览无余的宏伟透视相比，那种若有若无、遮遮掩掩、移步换景的美，在不同时间和空间上带给我们不同的审美情趣，所以中国式的游园生活，是中国人休闲文化中的最高境界。

回到现实中的我们，在物质丰富到极速填满人们的味觉、视觉等感官以后，许多人一下子迷失在物质享受的泥潭中，放纵于歌舞升平、觥筹交错的虚妄世界，这个时候，大可以停下脚步，问一下自己的内心，我灵魂家园在哪里？与会老堂相伴的日子，正是我带着这样的问题亦步亦趋前行的过程。

我总说自己在最好的年龄遇上了会老堂，倘若太早，我便没有足够的底气承担此重任，倘若太晚，也许我的身体无法承受这么大的压力。二〇一〇年请上海滩的人瑞书法家高式熊先生写下"放下"两字的时候，恰是我计划告别朝九晚五工作的时候，我把生活重心慢慢移到乡村，在晨晖暮霭中感知四季轮回、花开花落，与一批又一批来到会老堂的同道好友，不断地碰撞出文化的礼花，一次次提醒我守护会老堂就是守护我们的心灵家园，作为一个守望者，我就这样一直独行在并不孤独的古建筑修复的道路上，成了我心之最安处。

每当月白风清、万籁俱寂的深夜，好友王安安小姐的六字箴言常常萦绕在我耳边：感恩，惜福，舍得。这是贯穿我这一辈子修行脚步的箴言，感恩天地，感恩父母，感恩生命中每一次相遇；珍惜过往，珍惜当下，珍惜生命中所有的苦乐；舍去浮华，舍去名利，舍得宽容，舍得微笑，学会真正放下。

会 老 堂

The Chronicl

(一四五〇

【王氏家族时期】

清道光十四年（一八三四年）

王家二小姐带着一船嫁妆，从陆巷的寒谷渡出发远嫁上海，这位二小姐就是徐刚的高祖母。

清光绪六年（一八八〇年）

会老堂的西厢房被东山人周伯唐祖父买下。周家在清朝靠苏绣致富，从周伯唐一代走出东山，到上海洋行从学徒做到买办，家底殷实。

一九一一年——一九八〇年

从东山走出去的王家后人，在各自学术和专业领域中独领风骚的院士和教授，达到三十多位。

一九五八年——一九七六年

会老堂主人王轩铭（也叫王余根）在上海与女儿同住，会老堂一度被空关，曾被作为陆巷村幼儿园使用（当时叫含山村），很多五六十岁的村民至今记得小时候在会老堂玩耍的情景。

一九八〇年

徐刚外公王菊生从香港回到故乡东山祭祖，王买下会老堂以接济三舅舅王轩铭（也叫王余根）。两年后王轩铭离开会老堂到上海与女儿团聚。从此会老堂无人居住，再度被空关。

一九九三年四月

王菊生在香港故世，会老堂由定居上海的三女儿王莹莹继承。

【王鏊时期】

明景泰元年（一四五〇年）
王鏊出生于苏州东山陆巷村。

明成化十一年（一四七五年）
王鏊连中三元，乡试、会试第一，廷对第三，探花及第，被授翰林院编修。

明弘治十七年（一五〇四年）
王鏊在东山守父丧，同祝允明、文徵明等七人撰成《姑苏志》，王鏊为主编。

明正德元年（一五〇六年）
王鏊第三次出山，入阁为相，唐寅作著名的《王鏊出山图》相送，此作品现存于北京故宫博物院。

明正德四年五月（一五〇九年）
王鏊致仕南归，在东山成立"六老社"，约年年相会，地点即现在的"会老堂"。

明嘉靖三年（一五二二年）
王鏊逝世，享年七十五岁。

明嘉靖十二年（一五三三年）
王鏊大儿子王延喆五十大寿之际，回东山翻造祖屋会老堂。王延喆是明代著名藏书家和刻书家，他以父荫为官，继承父亲藏书喜好，刻书精良，几可乱真。（二〇一三年八月，会老堂楼厅南檐墙基下面发现刻有"嘉靖拾贰年春季分造贰尺方砖"铭文的金砖，亦佐证了这段历史。）

明万历十七年至宣统三年（一五八九——一九一一年）
三百二十多年内，王鏊子孙中出过十二位进士、一位状元。

会老堂编年史

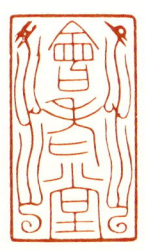

【后修复时期】

二〇〇九年十二月

为古建筑防火安全考虑，会老堂厨房从围墙内搬迁至围墙外，解决了会老堂内最后一个明火隐患。

二〇一一年十二月

会老堂被江苏省人民政府授予江苏省文物保护单位称号。

二〇一三年八月

会老堂老楼厅南檐墙基下面发现刻有"嘉靖拾贰年春季分造贰尺方砖"铭文的金砖，为会老堂楼厅断定了建造年代。嘉靖十二年即为一五三三年，从建造完成到发现金砖正好四百八十年。

二〇一六年十月

会老堂举办修复十周年纪念活动。

二〇一七年

会老堂以王鏊故居和后人的名义，向故宫博物院提出复制唐寅的《王鏊出山图》画作的意愿，最终得偿所愿。

编 年 史

f Huilaotang

【抢救性修复时期】

二〇〇四年初
邢伟英从丈夫徐刚的阿姨王莹莹手中买下会老堂，随后开始对会老堂东楼厅、门厅进行了为期一年半的抢救性修复工作，称为一期修复工程，以"整旧如旧"为原则，会老堂的明代建筑元素得以全部保留。

二〇〇五年下半年
邢伟英从周伯唐后代周竟、周老二手中买下西厢房，与主楼相隔一百二十五年的西厢房得以回归会老堂，东、西两楼时隔一个多世纪再次团聚。

二〇〇六年三月
相隔东、西两楼的高墙应声倒下，会老堂第二期修复工程正式开始。在长达八个月的二期修复工程中，西厢房保留原有住屋、天井、更楼等，在门厅遗址上建造明式戏台一座，用回廊沟通东西两楼，形成前院后寝比较完整的格局。

二〇〇六年十月十四日
会老堂作为精品酒店对外开放，从此走上了古建筑活化利用和保护性利用的良性循环模式。

【鸣谢】

篆刻和内页书法：陆康先生

封面书法：张伟生先生

摄影：闻风先生、吴宏先生、居耀庭先生

专业指导：朱宇晖先生

测绘制图：史瑞琳小姐

【感恩支持】

阮仪三先生、祝君波先生、沈嘉禄先生、王安安小姐、李戎女士、宋路霞女士、利维先生、嘉定报记者王丽慧女士、陈建德先生、王定鄂先生。

谨以此书献给始终给予我无私支持和默默关心的丈夫徐刚先生。

因了会老堂的缘，我们可以常相聚。

由衷感谢十五年来关心和陪伴会老堂的所有朋友。

欢迎关注
会老堂微信公众号

君向遠謫可贖人百身紛紛燕蝠輩相爭錯昏晨對面
不相見肥脣越與秦所願崇明德皓首期日新物理有
相感波間躍鮓賓嗟嗟皇甫規豈是中州人誰云閩吳
遠眛睽心所觀

欽定四庫全書　蓑澤集　卷八

驅車遠行邁中道忽自疑章甫資之越乃非其宜涼
颸撼庭柯締絡已悽其歸來洞庭野茹糗勿復辭椒蘭
亦已變根莠能無滋四時紛代謝彼此各一時獨臥茅
簷下無爲浪多思

苟時時吐晶光

聞尚書泉山林公計

昔我游藝苑吸露嗽奇芳及今志乃忝敢望作者堂一
編誰所授來目閶之鄉讀之增壯氣字挾風與霜忽然
造冲澹蘇李同朝借問何能爾上池飲奇方凫鶴各
有分誰復計炬長蓴鱸堂伊人宛見水中央秘之在篋
年來朝列三五齋手板人參議帷幄出關朔藝苑兩心
俯仰天地間我生殊已晚古人不及前輩亦漸遠昔

無猜疑終始共推蜕豈知一朝異分散東西征羣才飛
刺天林立盈彤庭三五各天涯相映如晨星嗟嗟時所
背空負海內名有如林泉公宿德衆尤向詞林三十年
顏密見涵養撰履氷玉清文章臺閣樣榮名勢利塗何
競獨見逡讓皋比坐成均六館無孟浪道傍推大宅寒士
俱挾纏鑢壘向南都百僚同倚仗平生事藏密臨事何
慨忧大奸弄朝權士氣紛沮喪羣蟻赴腥膻正色疏獨
抗浩然賦歸來高卧青山雲弘開綠野堂賓客引白申

廣德車尚懸疏傳金不貪行年八十餘龍馬富精神人
言天所留復起承華勸方期會老堂杯酒道情素計音
忽聞風前淚如注安得延陵劍挂向閭山樹
懷侍卷爲歸仁賦

人皆有母丙我獨無嗟我之生曾不如彼慈烏慈烏有
母能反哺我養不逮獨飲泣以躊躇人皆有子丙母獨
亡嗟母之生曾不如彼空桑空桑有子能返顧母年不
待獨飲泣以彷徨

《钦定四库全书》卷八 震泽集 王鏊

"方期会老堂,杯酒道情愫"

就在本书即将出版之际,考察引用文字准确性的过程中,我们意外在《钦定四库全书》卷八"震泽集"中发现了会老堂与王鏊产生最直接联系的诗句,"方期会老堂,杯酒道情愫"。此诗写于明代正德十四年,是王鏊惊闻故人去世噩耗后写下的悼文,题为"闻尚书泉山林公讣"。

图书在版编目(CIP)数据

五百年王者兴：明代老宅会老堂的后现代纪 / 邢伟英著. -- 上海：上海文化出版社, 2018.10
ISBN 978-7-5535-1378-2

Ⅰ.①五… Ⅱ.①邢… Ⅲ.①古建筑—文物修整—中国—明代 Ⅳ.①TU-87

中国版本图书馆CIP数据核字(2018)第184913号

出 版 人：	姜逸青
作　　者：	邢伟英
责任编辑：	金　嵘
装帧设计：	闻　风

书　　名：	五百年王者兴 —— 明代老宅会老堂的后现代纪
出　　版：	上海世纪出版集团　上海文化出版社
地　　址：	上海市绍兴路7号　200020
发　　行：	上海文艺出版社发行中心发行
	上海市绍兴路50号　200020　www.ewen.co
印　　刷：	上海雅昌艺术印刷有限公司
开　　本：	889×1194　1/16
印　　张：	14.75
印　　次：	2018年10月第一版　2018年10月第一次印刷
书　　号：	ISBN 978-7-5535-1378-2/TU.004
定　　价：	190.00元

告 读 者：如发现本书有质量问题请与印刷厂质量科联系　021-68798999